NO
CAOS
DA
CONVI
VÊNCIA

Dados Internacionais de Catalogação na Publicação (CIP)
(Câmara Brasileira do Livro, SP, Brasil)

Martino, Luís Mauro Sá
　No caos da convivência : ideias práticas sobre a arte de lidar com os outros / Luís Mauro Sá Martino, Ângela Cristina Salgueiro Marques. – Petrópolis, RJ : Vozes, 2020.

Bibliografia.
ISBN 978-85-326-6439-6

1. Comportamento 2. Comportamento humano
3. Conhecimento – Teoria 4. Convivência
5. Desenvolvimento pessoal 6. Relações interpessoais
I. Marques, Ângela Cristina Salgueiro. II. Título.

20-32504   CDD-150

Índices para catálogo sistemático:
1. Comportamento humano : Psicologia   150

Maria Alice Ferreira – Bibliotecária – CRB-8/7964

LUÍS MAURO
SÁ MARTINO

ÂNGELA CRISTINA
SALGUEIRO MARQUES

NO CAOS DA CONVIVÊNCIA

Ideias práticas
sobre a arte de lidar
com os outros

VOZES
NOBILIS

© 2020, Editora Vozes Ltda.
Rua Frei Luís, 100
25689-900 Petrópolis, RJ
www.vozes.com.br
Brasil

Todos os direitos reservados. Nenhuma parte desta obra poderá ser reproduzida ou transmitida por qualquer forma e/ou quaisquer meios (eletrônico ou mecânico, incluindo fotocópia e gravação) ou arquivada em qualquer sistema ou banco de dados sem permissão escrita da editora.

CONSELHO EDITORIAL

Diretor
Gilberto Gonçalves Garcia

Editores
Aline dos Santos Carneiro
Edrian Josué Pasini
Marilac Loraine Oleniki
Welder Lancieri Marchini

Conselheiros
Francisco Morás
Ludovico Garmus
Teobaldo Heidemann
Volney J. Berkenbrock

Secretário executivo
João Batista Kreuch

Editoração: Maria da Conceição B. de Sousa
Diagramação: Sheilandre Desenv. Gráfico
Revisão gráfica: Alessandra Karl
Capa: Rafael Nicolaevsky

ISBN 978-85-326-6439-6

Editado conforme o novo acordo ortográfico.

Este livro foi composto e impresso pela Editora Vozes Ltda.

*Para meus pais e minhas irmãs.
Ao Ângelo, Fernando e Cristiano,
em Belo Horizonte.*

*Para o Lucas e a Anna Carolina,
e para meus pais em São Paulo.*

*Porque aprendemos quem
somos no convívio com vocês,
a cada momento.*

Sumário

Introdução – Encontros e agradecimentos **9**

1 Acolher antes de exigir – A condição humana em luzes e sombras **19**

2 Respeitar vulnerabilidades, transformar capacidades **37**

3 O tempo – Reaprender a usar o seu e o dos outros **59**

4 Do *skinny* ao *plus size* – Compreender o significado do corpo **81**

5 Encontrar o outro na empatia **99**

6 A escuta, a voz e o silêncio – Comunicar para entender **113**

7 Fazer outras escolhas além da razão e das emoções **137**

8 Aprender outras verdades, duvidar da transparência **155**

9 Colocar a justiça entre o perdão e a vingança **171**

10 Ver os sentidos do amor e da amizade **195**

11 Retomar as virtudes da felicidade **217**

Final – Como ver o lado distante da Lua? **235**

Obras citadas em cada capítulo **239**

Fontes dos textos **247**

Bibliografia e referências gerais (Além das referências de cada capítulo) **251**

Índice **259**

Introdução

Encontros e agradecimentos

Viver com os outros nunca deve ter sido muito fácil – pelo menos é o que a História mostra. Atualmente, parece estar particularmente difícil.

Este é o ponto de partida deste livro, que pode ser resumido em termos bem descomplicados: temos que viver juntos, gostando ou não, mas nada impede de tentar deixar essa experiência mais agradável – ou, ao menos, mais simples. *Como* fazer isso é outra questão, e é o assunto discutido em cada um dos capítulos.

O bem-viver com os outros pode se tornar mais fácil se compreendermos as cores e tintas desse processo. Entender melhor a relação entre as pessoas, aproveitando as contribuições da comunicação, da filosofia e das ciências sociais, é um ponto de partida.

Estar com os outros não é opcional: se vivêssemos isolados uns dos outros, nossa espécie não teria chegado até aqui, pelo menos não da maneira como conhecemos o mundo hoje. A civilização é fruto da vida em sociedade. Mas a natureza mandou a conta: viver com os outros pode ser uma potencial fonte de conflitos. Cada uma e cada um de nós tem potências e limites que se revelam com mais força diante dos outros.

Acreditamos que a academia pode contribuir em alguma coisa. Não dando respostas, porque talvez não seja bem essa a tarefa da universidade, mas ajudando a fazer perguntas.

O momento-chave para escrever este livro foi um generoso convite de Aline dos Santos Carneiro, da Editora Vozes, com quem Luís Mauro já havia trabalhado recentemente em seu livro *Métodos de pesquisa em comunicação*. Em uma reunião, sintomaticamente em um café em São Paulo, ela sugeriu a proposta: escrever um livro sobre os vários aspectos da relação entre as pessoas, meio que traduzindo as questões para uma linguagem que não fosse acadêmica.

Nos meses seguintes, pensamos em quais seriam os principais desafios na vida com os outros. Nosso ponto de partida é que a relação com o outro vem antes de qualquer outra coisa. Até mesmo da relação consigo mesmo: desde os primeiros instantes de vida estamos junto com os outros, e lidar com isso é nosso principal desafio.

A partir disso, em várias conversas, trocas de e-mails, cafés em Belo Horizonte e chás em São Paulo, amizade entre os filhos de cada um, ligações para dividir ideias e dúvidas, encontramos inúmeras perspectivas para olhar a questão. Aos poucos, fomos agrupando algumas delas e chegamos à lista dos onze capítulos deste livro.

Não são as únicas, mas podemos começar por elas:
- acolher antes de exigir: a condição humana em luzes e sombras;
- respeitar vulnerabilidades, transformar capacidades;
- distinguir os usos e sentidos do tempo;
- compreender desejos e paixões do corpo;
- encontrar o outro na empatia;
- comunicar para entender: o tempo da voz, da escuta e do silêncio;
- fazer outras escolhas, entre a razão e as emoções;
- aprender outras verdades, duvidar da transparência;
- colocar a justiça entre o perdão e a vingança;
- ver os sentidos do amor e da amizade;
- retomar as virtudes da felicidade.

Definimos também a abordagem dessas perspectivas: não seria um livro de receitas, técnicas ou indicações de "como fazer" alguma coisa. A ideia é fazer um desafio para pensar de maneira diferente em questões familiares – próximas o bastante para se tornarem, paradoxalmente, invisíveis.

A proposta do livro: o mundo em escala micro

Cada capítulo é escrito em torno de uma ideia, criada sobretudo a partir de estudos de comunicação, voltados para aspectos específicos da relação entre as pessoas. Foram pensados a partir de anos de observação sistemática das relações sociais nas situações mais corriqueiras e comuns, desde aquelas que envolvem compras em *shoppings* ou supermercados até questões políticas da mídia.

Eles podem ser lidos separadamente; embora, no todo, contenham uma história que vai do conhecimento de si à busca da felicidade. As palavras em **negrito** indicam que aquele tema será tratado em detalhes em um capítulo específico. Deixamos de lado exemplos imediatos e factuais como, por exemplo, notícias ou dados mais detalhados. A razão é simples: o tempo de um livro é maior do que de um *post* em rede social ou de uma notícia, e, na velocidade dos acontecimentos contemporâneos, entre escrever o livro e ele ser publicado provavelmente boa parte dos exemplos "atuais" já estaria ultrapassada.

Ao longo do livro, citamos várias autoras e autores. Mas nosso objetivo não é apresentar suas ideias, confrontar seus conceitos ou discutir certo e errado. Ao longo do livro, autoras e autores são convidados especiais em nossa jornada. Por isso, deixamos de lado qualquer tentativa de "explicar" ou "interpretar" suas ideias: elas são participações na grande conversa que é este livro.

O foco geral é a relação entre as pessoas em pequena escala. A micro-história das relações cotidianas. As coisas mais interessantes se revelam quando olhamos, com uma espécie de microscópio teórico, para os fatos do cotidiano.

Há todo um mundo que se revela nas trocas de olhares, nas conversas triviais, anúncios e propagandas, gestos e atitudes de cada momento. A vida parece acontecer com mais intensidade na escala micro. Você pode se apaixonar todos os dias, mas só se casa algumas vezes na vida. Encontra colegas de trabalho diariamente, mas não muda de emprego com a mesma frequência. Certamente você vai ao supermercado mais do que a festas de casamento. Por isso, embora esses acontecimentos sejam triviais, eles acontecem com muito mais frequência do que os chamados "grandes" eventos em torno dos quais a gente costuma organizar a vida.

E podemos, a partir do micro, chegar aos grandes temas – e voltar. Você pode não se interessar por questões da indústria da moda, mas, quando não acha uma roupa do seu tamanho em uma loja, está experimentando os resultados das decisões do mundo das *griffes* e lojas. Pode achar que o tempo é um problema filosófico, mas sabe o que é trabalhar sem hora para ir embora. Talvez não discuta o que é o amor, mas sabe como pode ser complicado estar com alguém.

Esse olhar não é invenção nossa: há várias pesquisadoras e pesquisadores dedicados a esse tipo de investigação, como Erving Goffman, Harold Garfinkel e Maria Isaura Pereira de Queiroz, para citar apenas alguns. E, para entender esse microuniverso, fazemos algumas perguntas, procurando extrair delas a proposta de cada capítulo.

Falando em créditos, em uma tentativa de deixar a leitura mais direta, evitamos citações em estilo acadêmico. Também reduzimos ao mínimo indicações como "a autora afirma que...", ou "segundo a autora..." Isso não é pretensão de um "pensamento original": as fontes estão no final do livro, divididas por capítulos. E, claro, ficaremos felizes de corrigir qualquer eventual omissão em uma edição futura.

No final de cada capítulo colocamos algumas sugestões de leitura para quem tiver interesse em conhecer outras visões a respeito dos temas tratados. Algumas, inclusive, *contrárias* ao que estamos dizendo: o livro é um panorama de ideias, e a pluralidade é parte do saber.

Partes do livro são resultado de pesquisas anteriores, apresentações de trabalho, notas preparatórias de palestras e gravações, textos publicados em revistas acadêmicas. A lista está no final do livro. A todas e todos que fizeram comentários sobre essas versões anteriores, nossos agradecimentos. Esperamos ter entendido as contribuições de vocês.

Uma história de encontros

Este livro nasceu de alguns encontros.

É, em primeiro lugar, resultado de uma amizade acidental. Trabalhando juntos na Faculdade Cásper Líbero, em 2010, começamos a desenvolver pesquisas sobre comunicação e relações sociais. Os estudos continuaram mesmo depois que Ângela Marques foi para a Universidade Federal de Minas Gerais, em 2011, publicando e apresentando os resultados em revistas e encontros acadêmicos. Nossos interesses tinham dois focos: a questão da ética na comunicação, de um lado, e a relação entre as pessoas, de outro. As pesquisas sobre o primeiro tema resultaram no primeiro livro conjunto: *Ética, mídia e comunicação*, publicado em 2018 pela Summus.

Mas havia outras direções a seguir, outros temas a explorar, e o resultado de nossos estudos sobre o segundo tema é este livro.

"Nossos estudos": na verdade, não são só nossos. Este livro nasceu também do encontro e do diálogo com amigas, amigos, alunos e alunas de graduação e pós-graduação, e colegas de várias faculdades e universidades do Brasil e do exterior, com quem tivemos oportunidade de conversar sobre essas questões.

Nomear todas e todos seria difícil, e ocuparia bem mais do que o espaço deste livro. Nosso agradecimento não é menos sincero por ser geral.

O encontro com nossas alunas e alunos, nas salas de aula e corredores, é decisivo. Como professores, temos a oportunidade, a cada turma, de encontrar universos diferentes, histórias de vida, pessoas que compartilham com a gente sua vontade de saber – na UFMG, no caso de Ângela; na Cásper Líbero, Cantareira e Casa do Saber, para Luís Mauro.

O conhecimento só acontece no diálogo, e somos particularmente privilegiados de ver isso acontecer em cada turma, a cada ano, dividindo o brilho no olhar de aprender junto. O ato de aprender e ensinar é, antes de mais nada, acolhida, hospitalidade e respeito ao outro, aos seus saberes e à sua história. E usar sua linguagem é um resultado disso.

À equipe da Editora Vozes. À Aline Santos, pelo convite e acolhida do projeto; a Anderson Rosário, pelo trabalho de organização e divulgação em várias ocasiões. E também à turma responsável pelo estoque, expedição, vendas, lojas e outras partes do processo editorial que talvez a gente não conheça: sem vocês não tem livro na prateleira. Obrigado! ☺

A ideia do livro teve origem no encontro com a mais incrível das alteridades: o Fernando e o Cristiano, filhos da Ângela e do Ângelo, e o Lucas, filho do Luís Mauro e da Anna Carolina. Com isso, nossas discussões teóricas começaram a ser entremeadas com perguntas práticas como o preço do talco e qual era a melhor marca de fraldinhas. Depois, como era a escola, brincadeiras, comida, desafios ligados aos cuidados e à doação incondicional aos outros.

A experiência da parentalidade foi determinante para pensarmos a questão da relação com as outras pessoas: ver o infinito na presença, o rosto e o olhar dos filhos.

Antonio Carlos e Vera Lúcia, pais de Luís Mauro, sua esposa Anna e seu filho Lucas são as relações fundamentais que ensinam a ética do bem-viver a cada dia.

João Calixto e Ângela Salgueiro, pais da Ângela, seu esposo Ângelo e seus filhos Fernando e Cristiano, fontes do amor incondicional que nos ampara na tarefa interminável de tecer o possível da existência.

Belo Horizonte/São Paulo,
via Pampulha e Rodovia Fernão Dias
(onde há incríveis paisagens e lugares para comer),
janeiro de 2020.

1

Acolher antes de exigir
A condição humana em luzes e sombras

PRECISAMOS DE UM PONTO DE PARTIDA. E, NA FALTA DE OUTRO, PODE SER ESTE: algo que pode ajudar a pensar a vida com os outros é acolher antes de exigir. Antes de exigir que o outro se molde à nossa felicidade, tentar construir algo junto. É oferecer um maior acolhimento do outro, do jeito que ele é, com as limitações, as vantagens, as belezas e os problemas que o outro tem – e eu tenho também. Seja nas relações afetivas, na empresa, na família.

Um dos caminhos para isso é começar pensando quem é você. Quem somos nós. Quem podemos nos tornar. Essa questão parece tão antiga quanto a condição humana, e podemos começar por ela. Afinal, pelo menos em algum momento da vida, seja ouvindo música triste na adolescência, depois de uma reunião difícil de trabalho ou alguma questão de relacionamento pessoal, todo mundo já se perguntou "O que estou fazendo aqui?"

O templo de Apolo em Delfos

Gnōthi seauton. "Conhece-te a ti mesmo", em grego. De acordo com a tradição, esta era a frase escrita no portal do templo de Apolo, na ilha grega de Delfos. Lá, entre as pedras, incenso e rituais, as pessoas consultavam o oráculo, esperando a resposta de Apolo pela voz de suas sacerdotisas.

Mas por que um aviso desses em um lugar aonde você ia justamente quando queria saber algo? Por que alguém precisaria dessa recomendação antes de ir consultar um deus? A pessoa não estava lá exatamente para saber mais sobre si? Não há uma resposta fechada, mas vale pensar no assunto: a recomendação do templo de Delfos, até hoje, é um dos maiores desafios para qualquer pessoa.

A frase estava na porta do templo, ou seja, *antes* de a pessoa entrar: o conhecimento de si antecede até mesmo à sabedoria dos deuses. A possível orientação da divindade não substitui o conhecimento de si mesmo: nem Apolo poderia dizer algo se a pessoa não sabe quem é. Ou podemos entender de outra maneira: conhecer a si mesmo é um passo necessário *antes* de se chegar a outros mistérios – a maior interrogação que poderia ser feita talvez, continue sendo "Quem somos nós?"

Esta pergunta, de uma maneira ou de outra, está presente em muitas culturas e, podemos arriscar, pelo menos uma vez na vida por todos os seres humanos. Somos curiosos a respeito de nossas origens, queremos saber de onde viemos, imaginamos o futuro, traçamos objetivos. Quando as coisas vão bem, temos certeza de quem somos e do que estamos fazendo. Se algo dá errado, entramos em crise: *krisein*, outra palavra grega antiga, significa "separação". Nos momentos negativos, em geral, voltamos a nos perguntar quem somos – porque nesses momentos nos *separamos* de nós mesmos.

> Conhecendo-nos, ficaremos em condições de saber como cuidar de nós mesmos, o que não poderemos saber se nos desconhecermos.
>
> PLATÃO. *O primeiro Alcibíades*, p. 275.

Por exemplo, no fim de um relacionamento amoroso, você deixa de ser a "namorada dele" ou o "marido dela"; separa-se desse antigo "eu", que não existe mais, e começa a procurar quem é, ou será, daqui para frente. Mas você não precisa esperar momentos de crise para lembrar da necessidade de conhecer a si mesmo.

Ao contrário.

Sócrates, em sua defesa diante dos atenienses que o julgavam e depois o condenariam à morte, disse que "uma vida não analisada não vale a pena ser vivida". A vida, em sua concepção, ganha mais valor quando tem um sentido, e você só descobre isso se analisa suas vivências, isto é, conseguindo algum **tempo** para questionar quem é, porque faz o que faz, o que espera de você (e, por que não, dos outros). Quando isso não acontece, a vida segue no automático e, em geral, só somos despertados desse sonho lúcido chamado cotidiano se algo nos acorda – em geral, um acontecimento negativo.

Existe uma vida plena?

O conhecimento de si mesmo não está limitado a um momento. Ele tem a duração exata de cada vida. Estamos sempre mudando, e, em cada época, precisamos reaprender quem somos, nos conhecer novamente.

Quase todo mundo sabe como é ser filho, mas nem todo mundo sabe como é ser mãe ou pai. Essa experiência, em toda sua intensidade, leva a conhecer uma parte desconhecida de nós, até então escondida, talvez inexistente. Você sabe como é trabalhar *nesta* empresa, apaixonar-se por *esta* pessoa, mas, se muda de emprego ou gosta de alguém diferente, deixa para trás aquela experiência singular e precisa descobrir novamente quem é você. Cada experiência mostra outras dimensões do que somos.

E, para incluirmos isso em sua definição de quem é você, precisa de vez em quando retomar pé e encontrar, na memória, *por que* fez alguma coisa ou tomou uma decisão.

Por isso, momentos de ruptura e crise são períodos de solidão. Você está se inventando novamente, elaborando as experiências vividas até encontrar um sentido para elas (ou concluir que elas *não tiveram sentido*, porque nem sempre as coisas humanas têm um) e deixá-las para trás no tempo. A presença e solidariedade dos outros pode auxiliar, mas a jornada do "conhece-te a ti mesmo" é, por definição, individual.

Há tempos a preencher no encontro consigo mesmo, ficar sozinho consigo mesmo, nos quais você se dá o direito de rir, de chorar, de ter seus momentos de alegria e felicidade tanto quanto os momentos de tristeza e solidão. E, sobretudo, entender a *potência* desses momentos e sentimentos, como eles se encaixam na construção sem fim de quem você pode ser. Para isso, é necessário o momento de reflexão, de **silêncio**, algo cada vez mais raro.

Isso não significa não gostar dos outros. Ao contrário: para viver bem com os outros é necessário saber quem é você. Isso, evidentemente, não acontece de uma hora para outra: não há como parar um instante, por alguns minutos, "pensar na vida" e dar a questão como resolvida.

Para isso precisamos de **tempo** para nós mesmos. Uma parte considerável dele é tomada pelas nossas obrigações profissionais e pessoais. Como veremos no capítulo 5, o tempo é constantemente exigido, loteado, dividido em uma infinidade de atividades de maior ou menor importância. Vai embora rápido, e carrega consigo uma das dimensões mais importantes da vida: o contato com você mesmo.

> Assim vivemos nós numa parte do universo. Poderemos realizar pesquisas em torno de nós e em nós mesmos, mas não alcançaremos a compreensão da natureza infinita, porque somos finitos.
>
> NISE DA SILVEIRA.
> *Cartas a Spinoza*, p. 29.

Olhar para se ver

O conhecimento de si, nessa perspectiva, não é difícil, mas é *duro*: entender quem somos nos coloca frente a frente com coisas que nem sempre gostaríamos de ver. Conhecer a si mesmo é compreender algo da totalidade da condição humana, em sua complexidade e contradições. Lembrar do ser humano racional, mas também da emoção, das inexplicáveis mudanças de humor, dos mitos, crenças e rituais. O luminoso, o diurno, extrovertido convive em nós com o noturno, o enigmático, o desconhecido. Somos, na bela expressão da escritora e psicanalista Julia Kristeva, "estranhos a nós mesmos".

Levar isso em consideração ajuda a conhecer e saber o que esperar na medida de nossas potências e limites. E também a reconhecer a condição humana *dos outros,* estendendo até elas e eles o grau de exigência e tolerância que espero para mim. (Quando ouvimos falar que alguém é "muito exigente", vale perguntar se a pessoa aplica o mesmo rigor consigo ou só é assim com os outros.)

E, se o conhecimento de cada um parece ser absolutamente singular, existem pontos comuns, elementos responsáveis por nos tornar uma espécie única, a humanidade. Levando o *gnothi seauton* para um ponto mais amplo, podemos começar questionando não "quem sou", mas "quem somos".

> Eu me reencontro diante do outro.
> EMMANUEL LÉVINAS. *Humanismo do outro homem*, p. 50.

Para responder a isso precisamos lembrar que temos, ao mesmo tempo, várias dimensões. Somos seres biológicos, racionais, sociais e afetivos – tudo ao mesmo tempo, sem um encaixe perfeito.

O ser biológico

Em sua versão mais simples, o ser humano é um **corpo** vivo, formado por alguns trilhões de células ligadas por intensas forças da química e da física. Somos seres biológicos, e compartilhamos isso com toda e qualquer forma de vida que exista.

Neste momento, as células de todos os seres vivos estão convertendo química em vida. O metabolismo de pessoas em Recife, de gatos em Ulaan Bator, de peixes de Reikjaviik e de cachorros em Maputo está transformando alimentos e oxigênio em energia, seja para regular o calor de Pernambuco ou o frio da Islândia. Somos uma vida entre outras na superfície do planeta. Temos uma biologia com exigências próprias, curiosamente semelhantes a de qualquer outro animal ou vegetal.

Por mais que este livro esteja interessante, dentro de algum tempo você vai interromper a leitura para tomar água ou comer alguma coisa. Ou vai sentir sono – esperamos sinceramente que não – e levantar para tomar um café: o estímulo da cafeína aguça determinadas regiões do cérebro, permitindo um maior tempo de concentração (com um proporcional aumento do cansaço depois).

Somos parte da mesma evolução que criou as outras formas de vida na Terra, um ramo que evoluiu de outras espécies. Não somos sequer a espécie mais bem-dotada do planeta: seu cachorro ou gato está muito mais apto para viver em seu ambiente do que nós. Com uma diferença: nós não vivemos no mundo natural; *criamos* nosso ambiente.

Mas como conciliar isso com o fato de que somos seres da natureza? Ou, mudando a pergunta, em que medida nossa biologia determina o que somos? Há discussões densas entre cientistas a respeito de como valores como a empatia, a moral ou a religião são determinados pela genética ou pela neurologia.

O pesquisador britânico Richard Dawkins, no livro *O gene egoísta*, sugere que nosso comportamento está ligado à nossa programação genética de luta pela sobrevivência. Do outro lado, Frans de Waal, em *A era da empatia*, fala de uma predisposição à solidariedade; algo que, segundo ele, compartilhamos com outros animais. As duas visões, apesar de opostas, sublinham a importância do aspecto natural, biológico, nos seres humanos.

Até que ponto nossos laços naturais determinam o que somos e fazemos é um debate aparentemente insolúvel, tanto do ponto de vista da biologia e da genética quanto da filosofia. E cria, claro, problemas éticos; haveria, por exemplo, uma "predisposição" para ser bom ou mau? Ou, só para complicar, "bom" e "mau" são invenções humanas para denominar comportamentos naturais?

Embora não saibamos *até que ponto* somos resultado de processos biológicos, o laço com a natureza está presente o tempo todo quando lembramos de nosso **corpo** e suas demandas por cuidados – nosso vínculo com a natureza é relembrado a cada respiração. Ainda que seja apenas o resultado de escolhas genéticas feitas pela natureza, a biologia humana necessita de algo para nascer e sobreviver – outros humanos. Uma *sociedade*. E, para organizar isso, algo diferencia a espécie de todas as outras, a *racionalidade*.

O animal que sente, lembra, imagina

Os gregos antigos tinham três palavras para definir a mente humana: *pneuma, psyché* e *nous*. Cada uma se referia a capacidades específicas do corpo e da mente, como algum tipo de essência – do latim *esse*, que significa, "ser". No pensamento grego a noção tinha três partes, cada uma definindo certas capacidades humanas.

A primeira palavra, *pneuma*, se referia, em linhas gerais, à parte "física" ou "orgânica" da alma, aquela ligada ao corpo. Atualmente a palavra "alma" tem ressonâncias religiosas, mas, para os gregos, estava mais perto do que hoje poderíamos chamar de "mente". Hoje em dia, talvez fosse possível fazer um paralelo com as áreas da mente que controlam as funções mecânicas do corpo. O *pneuma* era responsável por garantir o funcionamento do ser. "Pneuma" em grego significa "sopro", de onde as palavras *pneu* e *pneumático*. Essa ideia da alma como movimento está presente na expressão "sopro da vida", nas proximidades da cultura judaico-cristã. O *pneuma* era a alma ligada ao corpo, responsável por torná-lo *animado* – "*anima*", em latim, significa "alma".

Por outro lado, racionalidade, emoções e paixões compõem a *psyché*. O nome, tomado emprestado de uma deusa, se refere à parte consciente da mente, a partir da qual percebemos o mundo, podemos compreendê-lo e atuar sobre ele. A *psyché* se referia à consciência, às imagens e memórias presentes nela – os conceitos de "psíquico" e "psiquismo" vêm dessa palavra.

Em um plano mais etéreo, abstrato, está a noção de *nous*. De alguma maneira, poderia ser definido como a essência da mente, na qual está a criatividade, a sensibilidade refinada, as ideias em um estado puro. O *nous* é a parte da mente mais distante do cotidiano, e só é percebida com **tempo** para a contemplação, algo bem raro na atualidade. *"Nous"*, traduzido como "ideia", deu origem à noção moderna de *noosfera*, utilizada às vezes na biologia e estudos do imaginário para definir a esfera onde transitam as ideias. As imagens, estereótipos, clichês e arquétipos estão entre os habitantes da noosfera, espaço coletivo de símbolos e ideias.

> Mas, de que se alimenta a alma, Sócrates? De conhecimentos, é claro.
> PLATÃO. *Protágoras*, p. 55.

Os gregos, em sua visão da mente em três partes, davam mostras de conhecer as manifestações de nosso ser. E a ideia de movimento, essas três modalidades de nossa alma, estão em constante entrelaçamento, formando as combinações quase infinitas presentes em cada um de nós.

O animal político

De certa maneira, a natureza nos pregou uma peça: deu-nos um cérebro altamente desenvolvido mas, em troca, nos obrigou a viver em sociedade (quando estamos diante de alguém particularmente difícil, podemos nos consolar lembrando que ela foi o preço que pagamos pela inteligência). Em algum momento nos últimos 350 mil anos, percebemos que andar juntos era mais vantajoso do que enfrentar, sozinhos, os perigos da natureza ao redor.

Numa época em que mal conhecíamos o fogo ou em que apenas havíamos começado a talhar ferramentas e armas, o mundo era uma fonte de perigos. Nossa espécie, frágil, sem *habitat* ou proteções naturais, estava constantemente ameaçada. Mas tínhamos algo exclusivo, muito mais vantajoso a longo prazo: um cérebro capaz de guardar, processar e recombinar uma quantidade muito grande de informações. E dois acessórios: patas dianteiras que, não sendo mais necessárias para andar, puderam segurar objetos, nossas mãos.

Um cérebro complexo, pés para andar, mãos para segurar coisas. Essas três características, aparentemente simples, deram-nos o domínio sobre todo o planeta (embora seja altamente questionável se estamos usando isso direito). À medida que o tamanho e a complexidade do cérebro aumentaram, o tempo de desenvolvimento também cresceu, assim como a necessidade de energia. Enquanto boa parte dos animais é capaz de sobreviver por conta própria pouco tempo depois do nascimento, humanos demoram mais de uma década para conseguirem se virar sozinhos.

"Sozinhos" em termos: a sobrevivência da espécie depende da vida em grupo. Descobrimos a necessidade e a vantagem mútua de estar em comunidade: todo mundo faz uma coisa, cada um sendo responsável pela sobrevivência de todos.

Isso trouxe um problema adicional: lidar com os outros. Encarar, todos os dias, pessoas com vontades, ideias, procedimentos, modos de pensar e de fazer diferentes dos seus. A espécie chegou a um curioso paradoxo: a sobrevivência depende da vida em sociedade, mas ao mesmo tempo viver em sociedade é um esforço constante para lidar com a *alteridade* – do latim, "*alter*", "outro".

> Entender o outro não é apenas um ato cognitivo; é uma ação moral e política.
>
> SEYLA BENHABIB.
> *The Claims of Culture*, p. 31.

Dessa relação nasce aquilo que somos, o que esperam de nós e vice-versa. O bom funcionamento disso depende da *abertura* para o outro, algo raro, difícil, quase uma experiência *estética*, no sentido não de arte ou beleza, mas em seu significado original, como *sensibilidade* – não necessariamente uma experiência boa, vale lembrar.

Esse esforço é necessário para lembrar que as outras pessoas também são, de seu ponto de vista, um "eu", dotado das mesmas vontades, emoções e razões que você. Quando se entende o outro como um "eu", você percebe que é impossível conhecer alguém perfeitamente, e, ao mesmo tempo, nota o quanto somos parecidos, independentemente das muitas e necessárias diferenças – faixa etária, classe social, nacionalidade, gênero. Atravessar o espaço da diferença, percebendo pontos em comum, pode ajudar a compreender as razões do outro e diminuir espaços de conflito.

É importante, para isso, lembrar que a outra pessoa, tanto quanto nós, é uma identidade em construção, muito parecida com a nossa ou a sua. A condição humana nos torna próximos, responsáveis pelo que fazemos. Nessa abertura, podemos descobrir o infinito do universo do outro, com o qual não somos obrigados a concordar, mas que podemos aprender a ver, escutar e compreender.

Para isso, precisamos viver juntos. E com algo em comum: a vida simbólica.

A vida simbólica: construindo o *habitat* humano

A maior parte das espécies tem sistemas de trocas de informação. Em sua forma mais simples, são trocas de sinais químicos, como no caso de microorganismos. Esses sinais se tornam mais e mais complexos de acordo com as características e necessidades de cada espécie: mamíferos, por exemplo, têm uma capacidade de expressão detalhada, com sinais diferenciados para expressar o que sentem, de um aviso de perigo a uma emoção.

Nos seres humanos, a altíssima complexidade das operações cerebrais e a necessidade de compartilhá-las levou ao desenvolvimento de uma capacidade de modular sons, gestos e expressões para mostrar aos outros o que estamos sentindo. Adquirimos uma habilidade que nos separou definitivamente das demais espécies: a possibilidade de abstração, criar *símbolos* e trocá-los com outros seres humanos.

Como diz o filósofo Ernst Cassirer no seu livro *Ensaio sobre o homem*, "o ser humano é, antes de tudo, um animal simbólico". Lidar com símbolos é um elemento fundamental da passagem da simples *informação* para a interação mais complexa. A dimensão social da vida humana é, também, uma dimensão *simbólica*.

Se existe uma característica exclusiva dos seres humanos é a capacidade de refletir sobre as próprias ações. Enquanto a maior parte das espécies simplesmente *faz*, somos capazes de *saber por que* estamos fazendo. Podemos explicar os motivos das ações, justificar escolhas, rememorar atos passados e planejar os futuros.

A consciência humana é dotada dessa capacidade de pensar a respeito de si mesma, de se conhecer. Em outras palavras, é *autorreflexiva*. Consegue criar conexões entre fatos, ligar tempos diferentes, contrapor o passado, ou o futuro, ao presente. Nenhum outro animal, até onde se sabe, faz isso. A autorreflexão permite *julgar* as ações, avaliar motivos e consequências dos atos.

Os animais, mesmo os mamíferos domésticos mais próximos, como cachorros e

> Definir-se ao longo do tempo nem sempre é fácil, porque envolve, passo a passo, a aprendizagem de diferentes formas de vida, a adaptação a novos relacionamentos, a capacidade de deixar para trás algo que temos desenvolvido para desenvolver o que somos.
>
> GABRIELLA BIANCO. *Epistemología del diálogo*, p. 21.

gatos, parecem ter uma consciência de si e um conhecimento às vezes bastante avançado – para seus padrões, claro – do mundo ao redor. No entanto, falta para eles a capacidade de lidar apenas com abstrações e, usando a mente, juntar fatos.

"Juntar fatos": a palavra "símbolo", em sua origem no grego antigo, *syn-bolos*, significa "juntar o que estava separado". Em linhas bastante gerais, um símbolo é algo que representa outra coisa. Ele *junta* uma figura, o símbolo, e o objeto, simbolizado. O escudo de um time de futebol sozinho não significa muito: só passa a ser um símbolo quando você conhece o significado, isto é, o objeto representado.

Palavras são um exemplo de símbolo. As letras e palavras deste livro, sozinhas, não significam muita coisa. Você só sabe o que significam porque, em sua cabeça, você está juntando um som e, mais ainda, um *significado* a cada palavra (daí a curiosa sensação, na leitura, de uma voz lendo em nossa cabeça).

Graças à capacidade de lidar com símbolos, não entendemos o mundo de maneira literal. Se alguém faz um gesto de *tchau* com a mão, você não vai entender "mão se movendo", mas como despedida. Roupas, por exemplo, podem ter uma utilidade, proteger do ambiente, mas raramente são apenas isso: elas têm um conteúdo simbólico, expressam um modo de sentir ou ver o mundo, mostram algo sobre você, sua posição social ou seus hábitos.

Como lembra a filósofa Susanne K. Langer em *Filosofia em nova chave*, isso faz com que o ser humano viva, por assim dizer, em uma realidade simbólica, e lide com o mundo de maneira abstrata. Você não precisa estar em um supermercado para elaborar a lista de compras. Vai lembrar dos produtos, imaginar o dinheiro a ser gasto e o tempo para ir até lá.

Memória, imaginação, tempo: ao lidar com símbolos, o pensamento humano descobriu uma maneira de lidar com a realidade sem ela estar presente. Nenhum outro animal, até onde se sabe, tem uma característica semelhante, ou desenvolvida nesse grau. Cachorros e gatos podem lidar com símbolos relativamente complexos. Conseguem associar palavras ou gestos a outras atitudes, como comer ou passear. Mas parece terminar por aí: um cachorro – até onde se sabe – não vai sugerir ao ser humano (um dia ainda vamos discutir a noção de ser "dono" de outro ser vivo) sair para passear, embora possa latir e abanar a cauda quando vê a coleira.

Símbolos estão o tempo todo ao nosso redor. Em 1966, dois pesquisadores, Peter Berger e Thomas Luckmann, escreveram um pequeno *best-seller* acadêmico intitulado *A construção social da realidade*, onde propõem que o cotidiano é formado por um conjunto de símbolos compartilhados, espalhados por todos os cantos da sociedade.

A publicidade, por exemplo, usa símbolos para ligar produtos a algo maior do que sua utilidade: uma boa propaganda raramente vai dizer apenas "compre isto", mas envolve o produto em uma trama de significados – felicidade, autorrealização, sucesso e *status* envolvidos no consumo de um produto. No jornalismo, as notícias selecionam modos de representar pessoas e situações: este caso é uma "tragédia", a próxima notícia é uma "descoberta" ou um "escândalo de corrupção". Filmes e séries de TV criam suas representações de "herói", "vilão" e "final feliz". No ambiente das redes sociais, símbolos são compartilhados a cada novo *post*, criando uma realidade simbólica.

A partilha dos símbolos é também a divisão de significados: símbolos ganham força se pertencem a um grupo ou comunidade capaz de, em conjunto, aceitar seu significado.

John Searle, em seu livro *The Constructional of Social Reality*, propositalmente semelhante ao título de Berger e Luckmann, apresenta um exemplo: só consideramos o valor de uma nota de dez dólares porque, socialmente, definimos e aceitamos que um pedaço de papel verde com uma foto de Alexander Hamilton representa isso. Símbolos são transmitidos de geração em geração, passam a fazer parte da realidade de um grupo – a *realidade social*, a partir da qual cada pessoa constrói uma parte do significado de sua vida.

Ver, julgar

Parece ser parte da cultura humana classificar o outro de acordo com nossas categorias. Entender a condição humana é um esforço para não fechar os outros em *nossas* definições, reduzindo o outro ao que *parece* ser para mim.

Mas não é simples suspender julgamentos. Diante de alguém, você forma impressões e opiniões a seu respeito. Atribui valores ao que vê. Essas classificações criam um problema: não dou chance para a pessoa se *mostrar*, reduzi-a ao que *eu* quero ver. E, em geral, o que vemos do outro é apenas uma parte muito pequena.

Não que seja possível "ver os outros como eles são": nem nós sabemos quem somos, quanto mais ter a pretensão de conhecer plenamente alguém. Mas na oportunidade de saber como *ele* se define há um passo para compreendê-lo melhor.

Reconhecer potências e limites: tornar-se quem se é

Toda vida pode ser plena de sentidos. Essa frase, imediatamente, pode levantar uma pergunta, talvez acompanhada de um sorriso irônico: desde quando alguém é totalmente livre para fazer, ou mesmo sentir, o que quer? Quem, em uma situação difícil, pode levar uma "vida plena"? Há acontecimentos tristes e alegres, momentos bons e ruins, e muitos deles escapam ao meu controle. Como imaginar dar sentido à vida se tanta coisa acontece à minha revelia?

Aceitar a condição humana é também levar em consideração nosso negativo: o erro, a falha, a tristeza, o mau humor. Levar em consideração suas várias dimensões é conhecer um pouco mais de si. Nem todos os dias levantamos ensolarados, prontos para transformar o mundo em um lugar melhor. Às vezes só queremos ficar sozinhos, recolhidos em nós mesmos. Na complexidade humana, há tempo para cada sentido. Reconhecê-los, torná-los parte de nossas vivências, auxilia a chegar ao próximo instante. E, se não é possível mudar os fatos, é possível transformar o sentido que é atribuído a eles.

Muitas vezes o tempo se encarrega disso: uma situação que, quando acontece, parece algo imenso, no limite da tragédia, anos depois pode ser esquecido. *Pode*, não significa que *vai*: a duração dos fatos na memória e no **tempo** é parte do que somos.

> § 270. *O que diz sua consciência?* – "Torne-se aquilo que você é".
> FRIEDRICH NIETZSCHE.
> *A gaia ciência*, p. 186.

Reconhecer limites é também entender potências. Sem isso, nos frustramos por achar que somos *mais* ou *menos* capazes do que somos na realidade. Desconhecer potências nos leva a achar que tudo está definido para nós. Por outro lado, se deixarmos de reconhecer limites, ficaremos iludidos achando que podemos fazer tudo – e frustrados ao descobrir que não podemos. O sentido de ser no tempo – o *tornar-se*.

A tensão entre a mudança e a permanência parece ser parte da condição humana. A relação com o tempo é de mudança constante: o corpo, a cada dia, torna-se diferente. Você não percebe todos os dias, mas depois de períodos de tempo mais longos nota as transformações.

Um desafio, seja como indivíduo ou como sociedade, é pensar quais as mudanças necessárias e, ao mesmo tempo, do que não se pode abrir mão. Isso vale tanto para a vida pessoal quanto para comunidades. Transformações vão ocorrer: nada no universo é estável, e seria ilusão imaginar que a vida humana poderia fugir disso. Mas, para a mudança acontecer de maneira serena precisamos recordar nossa identidade e história, a trajetória de mudanças na qual somos formadas e formados na relação com os outros.

O sentido da mudança no tempo só pode ser expresso em palavras se pedirmos licença à língua portuguesa: dizer "quem é você" sugere uma permanência que, de fato, não parece existir. Entender o sentido da mudança requer uma alteração: saber "quem *está* você", lembrete gramatical de que nada é permanente. Nietzsche, em *A gaia ciência*, sugere que a potência de ser está exatamente na mudança: "tornar-se quem se é", recorda. Viver é um *tornar-se*, e enfrentar a mudança é um tornar-se quem se é. Conhecendo a si mesmo.

> **Para ler mais**
>
> ARENDT, H. *A condição humana*. Rio de Janeiro: Forense, 2014.
>
> KRISTEVA, J. *Estranhos a nós mesmos*. Rio de Janeiro: Rocco, 1996.
>
> LANGER, S.K. *Filosofia em nova chave*. São Paulo: Perspectiva, 1998.
>
> SILVEIRA, N. *Cartas à Spinoza*. Rio de Janeiro: Francisco Alves, 1989.

# 2

Respeitar vulnerabilidades,
transformar capacidades

VULNERÁVEL. AQUELE QUE PODE SER FERIDO, ATINGIDO, MACHUCADO. *Vulneris*, ou *vulnus*: "machucar", em latim. Quem não é vulnerável? Nosso corpo humano, frágil, está permanentemente sob o risco de qualquer sol, chuva ou frio mais forte. Nossas paixões e afetos são continuamente ameaçados por qualquer evento, notícia ou lembrança. Mesmo a inteligência é facilmente deslocada do lugar, abalada em suas certezas pelas emoções e pela força do inconsciente.

A finitude da vida humana é a condição primeira de vulnerabilidade. Há um desaparecimento aguardando, e a ilusão da força, da indestrutibilidade, de estar inatingível, apenas aumenta a desolação quando algo nos atinge. Então é preciso lidar com dois problemas: o que atingiu, de um lado, e a súbita tomada de consciência dos próprios limites, das vulnerabilidades, de outro.

Geralmente esse segundo problema se apresenta de maneira mais forte: presos na ilusão do poder, infinito um segundo atrás, subitamente recordamos a volátil condição humana. Basta, por exemplo, o resultado de um exame clínico. Um pedaço de papel, algumas letras e números indicam o que vai acontecer. Ou alguém dizendo que não quer mais estar conosco. É uma pessoa no meio das outras bilhões, mas mostra nossa vulnerabilidade. A fragilidade está ligada não apenas às características inatas, mas também à nossa relação com os outros. Fomos e podemos ser constantemente atingidos.

E não importa sua posição social.

A condição de ser vulnerável

Imperadores romanos não eram muito dados à filosofia, e, convenhamos, não é muito difícil entender por quê. Suas atividades diárias, como invadir territórios, subjugar povos, planejar conspirações ou escapar delas, divertir-se em festas intermináveis ou assistir aos jogos no Coliseu não deixavam muito tempo para coisas de menor importância como o sentido da vida, a liberdade ou a existência. Os soberanos tinham coisa melhor para fazer.

Todos, menos um.

Marco Aurélio, imperador de Roma no século II da Era Cristã, fez um governo relativamente estável para os padrões da época. Mas ficou conhecido mesmo pelo seu livro *Meditações*, um tratado profundamente pessimista, examinando, sobretudo, a finitude da vida – e sua vulnerabilidade (o que sugere que ser imperador não era garantia de **felicidade**). "A morte", diz Marco Aurélio, "igualou Alexandre o Grande, e seu servo".

Diante da finitude, todos somos iguais. Igualmente vulneráveis.

Assim como temos potencialidades, temos falhas, deficiências. Há momentos, é verdade, em que nos sentimos indestrutíveis. O irresistível esforço para sermos quem somos, que o filósofo Baruch de Espinosa chamava de *conatus*, que vamos ver melhor no capítulo sobre **escolhas**, está em alta, em plena expansão, e nesse momento conseguiríamos mover o mundo com um dedo.

Mas, mesmo assim, somos incompletos em nossa vulnerabilidade. Dependemos dos outros: a pessoa mais poderosa do mundo não conseguiria fazer nada sem seus auxiliares. Se todos lhe voltarem as costas, vai continuar sendo o que sempre foi: apenas humano. Talvez, a partir daí, possamos entender o sentido da frase de Marco Aurélio sobre Alexandre e seu servo.

Mas se a condição humana nos torna vulneráveis, algumas pessoas parecem ser *mais* vulneráveis do que outras. Existem, na sociedade, sistemas de proteção mais ou menos organizados, responsáveis por garantir a vida e, até certo ponto, o conforto e a estabilidade de alguns. A morte pode ter igualado Alexandre e seu servo, mas convenhamos que, antes da morte, a vida dos dois era bem diferente: a do imperador deve ter sido mais fácil, ou pelo menos mais confortável, do que a de qualquer um de seus auxiliares.

Isso leva a uma questão-chave sobre a vulnerabilidade: ela está ligada à constituição individual, mas também às relações sociais e, talvez mais ainda, ao lugar das pessoas na sociedade.

Reconhecer os próprios limites

O imaginário da sociedade contemporânea estimula o tempo todo a ultrapassar limites, como se fosse fácil e estivesse sempre ao alcance. Em uma vida de alta *performance* como a exigida no mundo atual, um objetivo é a superação constante – na academia, superar limites físicos; no amor, superar problemas do relacionamento; no trabalho, superar as expectativas de produtividade e de resultados.

Certamente é importante, fundamental para o desenvolvimento, observar as possibilidades de progresso e superação de si. No entanto, esse processo está longe de ser automático e, antes de tentar superar algo, tomar consciência da vulnerabilidade mostra os limites *possíveis*, permitindo construir expectativas realistas, que possam ser atingidas: colocar limites irrealistas, embalados pelo discurso da alta *performance*, leva à frustração quando não se atinge o que queria – em geral, acompanhado de um sentimento de culpa.

Nietzsche, embora elogie a disposição e a força de vencer suas vulnerabilidades e limites, parece indicar que o processo é individual. Para uma pessoa com dificuldades de locomoção, por exemplo, uma volta completa no quarteirão pode ser uma de vitória – ela pode não ganhar a maratona, mas não é esse o objetivo.

Recuperar-se de um luto, reatar relações consigo mesmo, indicam o reconhecimento das próprias vulnerabilidades, passo para decidir o que fazer em seguida.

§ 276. Quero cada vez mais aprender a ver como belo aquilo que é necessário nas coisas: assim me tornarei um daqueles que fazem belas as coisas. *Amor fati* [amor ao destino]: seja este, doravante, o meu amor!
FRIEDRICH NIETZSCHE.
A gaia ciência, p. 187.

O sentido da vulnerabilidade está em reconhecer limites não como uma falha, mas como inerente à condição humana – e, como tudo o que é humano, pode ser modificado. Ultrapassar vulnerabilidades não é sempre questão de **escolha**. Você não pode simplesmente escolher *não* ser vulnerável a nada. Há limites com os quais é mais sábio conviver do que desafiar, uma vez que são, de fato, intransponíveis – contrariando um discurso otimista ingênuo. Mas é possível, sem dúvida, insistir: conviver com uma situação não é desistir de transformá-la, mas estar consciente das *possibilidades* disso. Quando paramos de nos apaixonar por ilusões, passamos a amar a realidade. O *"amor fati"*, "amor ao destino", mencionado por Nietzsche em *A gaia ciência*.

Entender os limites do outro

Esse processo pode ter um efeito muito positivo, se você quiser pensar a vulnerabilidade em termos de **empatia**. Se compartilhamos a condição humana, sabendo de limites e deficiências, aprendemos a ver os outros em suas potências e fragilidades.

Ao que parece, temos alguma dificuldade em reconhecer a humanidade dos outros. Isso cria uma relação de desigualdade em relação aos nossos limites: ou exigimos demais das outras pessoas, deixando suas vulnerabilidades de lado ou exigimos demais de *nós*, como se, por alguma razão mágica, todo mundo fosse melhor do que nós próprios. Talvez um desafio para nossa cultura seja retomar a proposta do Iluminismo de pensar nos outros como *iguais*, com potências e limites, força e vulnerabilidades. Sem apagar as diferenças, sem transformá-las em desigualdades.

Reconhecer que o outro é vulnerável requer pensar em seus limites como *diferentes* dos meus. Pensar *outramente* no outro é lembrar que só sou o centro do universo para mim (ou, no máximo, para uma pessoa profundamente apaixonada por mim, e essa situação está longe de ser ideal).

Aplicar meus padrões ao outro é deixar de reconhecer suas vulnerabilidades. Não é porque consigo fazer algo com facilidade que qualquer pessoa também consegue. No cotidiano, quando falamos de problemas para outra pessoa, às vezes recebemos como resposta uma fórmula mágica que funcionou – para *ela*, nas circunstâncias *dela*, dificilmente iguais às nossas. Compartilhamos a condição humana inclusive no reconhecimento das diferenças, nas diversas formas de vulnerabilidades existentes.

A compreensão das vulnerabilidades de outras pessoas exige um exercício de aproximação consigo mesmo, no sentido de recordar que essa condição não é absoluta, mas relativa. O outro é mais ou menos vulnerável do que nós em determinadas situações, e esse tipo de quadro pode ser facilmente transformado.

Basta, por exemplo, mudar de cenário para a pessoa em desvantagem se torne plenamente dona da situação. Reconhecer a vulnerabilidade do outro lembra que a Fortuna não deixa de girar sua roda mitológica para todas e todos.

Não por acaso, o segundo trecho da cantata *Carmina Burana* abre com os versos "Fortune plango vulnera / stillantibus ocellis", traduzido como "Eu lamento as feridas da Fortuna / com lágrimas nos olhos". *Vulnera*: o imprevisível atinge a qualquer momento; a vulnerabilidade dos outros recorda a nossa.

Respeitar o medo e as fragilidades do outro

Isso significa também respeitar os medos e as preocupações de outras pessoas. Quando você não compartilha o mesmo medo por uma coisa, o receio da pessoa em alguma situação pode parecer infundado, sem propósito, pouco mais do que uma bobagem. Algumas pessoas, inclusive, acham que esse é o momento de forçar a outra a "enfrentar seu medo". Certamente isso pode ser importante, mas desde que a *pessoa* se sinta preparada para isso.

Medos e, no ponto mais alto, fobias, têm causas profundas, algumas delas de origem inconsciente. Incentivar e apoiar é uma coisa; decidir que a pessoa vai enfrentar seus medos quando nós decidimos, é outra. Uma delas tem raízes na solidariedade; a outra, na violência simbólica.

Respeitar o medo do outro é compreender que a superação dos temores e receios, se acontece, vai ser no momento certo daquela pessoa, não por uma imposição externa – e menos ainda acompanhada de qualquer tipo de desqualificação ou humilhação quando a pessoa não enfrenta seu medo (é possível perguntar se quem faz isso enfrenta os próprios medos com a mesma coragem que exige dos outros).

A vulnerabilidade dos grupos

Uma maneira de definir vulnerabilidade é como sendo *a possibilidade de ser atingido*. Nessa possibilidade, dois movimentos se põem em ação: a passividade (diante de um choque não sabemos como reagir) e a passibilidade (estar aberto aos riscos da relação com os outros, alterando o curso dos acontecimentos).

Claro que não é possível medir, de maneira objetiva e direta, todos os fatores e variáveis envolvidos em situações de risco. Até porque, na concepção mais simples, todas e todos podemos ser atingidos por algum acontecimento e, pensando assim, estamos vulneráveis. No entanto, existe um diferencial importante: a *probabilidade* de algo acontecer.

Em termos sociais, a vulnerabilidade pode ser entendida como a maior ou menor probabilidade de grupos serem afetados por situações que coloquem em risco sua existência, como a fome, a miséria, as doenças, a violência e a exploração do trabalho, entre outros fatores. É pensar o quanto pessoas são frágeis em relação ao conjunto da sociedade e podem ser atingidas em primeiro lugar por qualquer situação.

Um exemplo relativamente simples pode ajudar. Se você está lendo este livro, há uma probabilidade considerável de nunca ter passado fome. Pode haver exceções, certamente, mas, em geral, para chegar ao ponto de adquirir um livro, sua posição na escala social não está nos limites mais frágeis. Mesmo que seu exemplar seja de uma amiga ou de uma biblioteca, o fato de você saber da existência deste livro sugere que necessidades básicas foram, ao menos momentaneamente, resolvidas.

Podemos levar a especulação alguns centímetros mais longe. Você frequenta livrarias ou bibliotecas, ou tem amigas e amigos que fazem isso. Sabe ler e, mais ainda, tem condições de entender o que está lendo. Embora nós tenhamos nos esforçado para evitar um vocabulário muito técnico, se você se deparar, digamos, com a palavra "ontologia", sabe onde ir buscar o significado. Ou, se nos referirmos a uma música das *Spice Girls*, não terá dificuldade de achar informações sobre elas. Sua preocupação principal, neste momento, talvez não seja saber se vai ter o que comer ou não amanhã. Nós, escrevendo o livro, estamos na mesma situação – esse, aliás, deveria ser o padrão.

Todos somos vulneráveis, mas a *probabilidade* de algo acontecer com alguém aumenta ou diminui conforme subimos ou descemos nas escalas sociais.

O que leva pessoas e grupos a essas situações? Não existe uma causa única, mas razões, atuais e históricas, responsáveis pelas formas de vulnerabilidade social – isto é, porque algumas pessoas estão em situações mais complicadas do que outras. É necessário observar, em cada caso, as condições históricas e econômicas que levaram a essa situação. Não é "natural", por exemplo, que um cidadão precise, aos 70 anos de idade, trabalhar 14 horas por dia enquanto outro trabalha seis. Não é "normal" que a mulher cuide dos filhos e da casa enquanto o homem fica livre dessas responsabilidades. Não é "por acaso" que a desigualdade, em escala global, tenha chegado ao nível encontrado hoje. Cada uma dessas situações é resultado de anos, às vezes séculos, de história.

Martha Nussbaum, em seu livro *Creating Capabilities*, recorda que vulnerabilidades sociais se multiplicam diante da ausência de oportunidades iguais para a conquista da autonomia. Destituídos de condições mínimas de existência, grupos e populações inteiras são relegados a uma situação de subordinação, espécie de armadilha social, que dificulta – mas não impedem – seus movimentos no sentido de transformar o que vivem.

Com o passar do tempo, sua situação deixa de ser vista em seu contexto e passa a ser entendida como *natural*, aumentando a vulnerabilidade. Observamos isso, por exemplo, nos estereótipos e representações que caracterizam alguns grupos no senso comum – por exemplo, a imagem de incapacidade atribuída a alguém por ter esta ou aquela característica física ou social.

A naturalização da vulnerabilidade pode fazer com que a pessoa nessa situação seja vista não em termos reais, históricos e contextuais, mas apenas em termos de sua condição imediata. Assim, é retratada como "fraca", "inútil", "burra", "preguiçosa" e adjetivada de qualquer outra maneira negativa (podemos nos perguntar, p. ex., como a sociedade representa e trata crianças e idosos, para utilizar um exemplo relacionado à faixa etária).

Em uma proposição ousada, Nussbaum parece sugerir que o oposto da vulnerabilidade é a autonomia para construir as próprias decisões, recuperando o sentido de dignidade e responsabilidade de indivíduos e grupos.

Isso é feito a partir de iniciativas que coloquem as pessoas em condições de equidade, compensando, de alguma maneira, determinadas circunstâncias e impedindo que características se transformem em vulnerabilidades. Apenas a título de exemplo: o reconhecimento dos direitos e a proteção à vida de mulheres grávidas ou pessoas com crianças de colo são maneiras de mantê-las no mesmo plano social das outras, permitindo o exercício de sua autonomia e independência.

Mas vulnerabilidade não significa resignação, e menos ainda passividade. Outra filósofa, Judith Butler, afirma que é sempre possível algum nível de resistência, mesmo em situações de vulnerabilidade. Aliás, para ela, autonomia e vulnerabilidade não são opostos: para ser autônomo é necessário mesmo ser vulnerável, e, aí, encontrar o rosto do outro que ajuda você a construir sua própria história. Ser autônomo não é ser invulnerável, mas ter a dimensão do que é possível fazer para ter uma vida digna nos limites da vulnerabilidade.

Historicamente, diversos grupos foram e são tornados vulneráveis. Sua dependência em relação aos outros – ao Estado, às corporações, ao auxílio social – foi construída de

Defendo que a melhor abordagem para essa ideia de mínimo social básico é fornecida por uma abordagem que foca nas capacidades humanas, isto é, no que as pessoas são realmente capazes de fazer e de ser, de uma maneira apoiada por uma ideia intuitiva de uma vida compatível com a dignidade do ser humano.

MARTHA NUSSBAUM. *Frontiers of Justice*, p. 70

maneira a limitar sua autonomia e, de maneira geral, seu acesso a direitos básicos. Às vezes, o próprio direito de existir, simplesmente, em uma vida de autonomia, respeito e dignidade.

A vulnerabilidade está ligada a fatores econômicos, sem dúvida, mas não apenas a eles. A dependência financeira é um fator de diminuição de autonomia, mas idade, crenças, gênero, modo de se vestir, por exemplo, também estão relacionados a isso: grupos que apresentam certas características são mais propensos a sofrerem violências no cotidiano. O desrespeito sistemático à pessoa de acordo com sua idade, os preconceitos econômicos, étnicos ou religiosos, por exemplo, criam uma das mais violentas formas de vulnerabilidade, o *estigma*.

As marcas da vulnerabilidade

"Estigma", do grego "sinal" ou "marca".

Em 1963, o sociólogo canadense Erving Goffman dedicou um estudo a essa questão chamado, justamente, de *Estigma*. Em toda sua obra, Goffman dedicou-se à chamada "microssociologia"; isto é, ao estudo das pequenas relações do cotidiano.

Enquanto boa parte das pesquisas de sua geração olhava para os grandes processos da história e da sociedade, como a relação entre as nações ou as classes sociais, Goffman estudou os fenômenos mais simples, como a troca de olhares em um ônibus, a distância entre pessoas em filas, os gestos e as conversas. São situações corriqueiras, coisas que fazemos automaticamente, sem prestar atenção – e, por isso mesmo, revelam muito sobre nós.

Estigma é provavelmente um de seus livros mais tristes, e esse não é um adjetivo comumente usado para obras acadêmicas. O subtítulo explica a razão: *Ensaio sobre a personalidade danificada (spoiled)*. E o que seria alguém "danificado"? Para Goffman, toda e qualquer pessoa que, portadora de uma marca (o "estigma") física ou social, pode a qualquer momento sofrer algum tipo de humilhação no cotidiano.

O estigma pode atingir indivíduos ou grupos, e não existe uma regra para definir o que pode ou não ser essa marca. Essa é uma das características mais importantes mostradas por Goffman em seus estudos: não há nada, em si, que defina o estigma. *Qualquer coisa* pode servir para estigmatizar alguém ou um grupo. O estigma é *arbitrário*, definido por algumas pessoas e lançado sobre outras.

Ser portador de um estigma é estar aberto à vulnerabilidade e às formas de sofrimento psíquico e social espalhadas nas pequenas ações cotidianas. O grupo estigmatizado é arbitrariamente ressaltado em alguma característica que passa a ser considerada "inferior" em relação a outro padrão – por exemplo, a idade, o peso, a cor da pele, o nível de renda, o uso de óculos ou aparelho, o gosto por determinado tipo de livros ou de música.

O estigma revela a vulnerabilidade das pessoas e grupos atingidos nas pequenas relações do cotidiano, desde o preconceito mais aberto até de forma velada. Por exemplo, quando você faz piadas, brincadeiras ou comentários como: "Ah, não é por mal, mas..." Ficar lembrando a pessoa vulnerável de sua situação só aumenta a sensação de estar excluída. E é uma maneira, como diz a linguagem comum, de colocar a pessoa em seu devido lugar – inferiorizado, diga-se de passagem.

Isso acontece de várias maneiras, e pode se transformar no chamado "sofrimento social", ou seja, as humilhações constantes recebidas por alguém ou por um grupo. A cobrança por metas inatingíveis ou irrealísticas, a extensão indefinida de jornadas de trabalho, agressões e rispidez verbal, exploração emocional, manipulação do sentimento de culpa e atitudes como essas são exemplos disso, implicando a vulnerabilidade social de pessoas ou grupos.

Ver a vulnerabilidade

Uma dificuldade adicional é o *reconhecer* as vulnerabilidades. O jeito como a sociedade trata as pessoas vulneráveis também diz muito sobre a civilidade dessa sociedade. Em alguns casos, quem está em uma situação de vulnerabilidade é visto pela sociedade em uma posição negativa, subalterna, um "coitado", de quem se deve ter pena com tintas de uma leve compaixão. Nada além disso, como se sua situação fosse natural, não resultado de situações históricas e condições sociais que poderiam ser outras.

A maneira como a vulnerabilidade é mostrada não colabora muito para mudar essa imagem. Em linhas bastante gerais, seria possível dizer que a pessoa em situação de vulnerabilidade costuma ser retratada como alguém definido exclusivamente por essa condição. Não tem nome, idade, rosto: é apenas a pessoa "vulnerável", dependente da boa vontade alheia. Sua potência como ser humano é reduzida a uma condição, mostrando apenas uma parte dela.

Esse tipo de procedimento, lembra Martha Nussbaum em seu livro *Fronteiras da justiça*, reforça a ideia de que as vulnerabilidades são as únicas características relevantes na pessoa vulnerável. A pessoa é chamada por todos os nomes que indicam sua condição, exceto pelo seu nome próprio.

Vítimas de desastres, por exemplo, costumam ser mostradas em seus momentos de maior vulnerabilidade: logo após o acontecimento, chorando, lamentando a perda de vidas, de suas casas ou móveis. Esse tipo de representação contribui para espalhar uma imagem de vítima de quem se deve ter pena, sem colocar em questão as *condições* responsáveis por levar a pessoa ou grupo a essa situação, de um lado, e como é possível *transformar*, de outro. Quando a vulnerabilidade vira tragédia, aparece aquela incômoda sensação de que poderia ter sido evitado.

Para Nussbaum, é isso é bem complicado: se a pessoa é definida por uma única característica, as chances de capacitação e mudança são deixadas de lado. Uma sociedade justa, ela argumenta, é aquela na qual as vulnerabilidades são reconhecidas como situações que podem ser transformadas socialmente. Uma sociedade justa e inclusiva deve estar adaptada a todos os seus membros, independentemente de suas características específicas.

O reconhecimento das vulnerabilidades é o primeiro ponto para sua transformação a partir do desenvolvimento de autonomia, o que Nussbaum chama, justamente, de "aporte de capacidades". Vulnerabilidade não é exclusão, nem deveria ser. E mostra a necessidade de se pensar se a sociedade está pronta para tratar de maneira justa todos os seus membros.

A vulnerabilidade invisível

Mas esse não é o único problema. Existe outro: a *falta* de reconhecimento da vulnerabilidade, especialmente quando ela não é visível. A invisibilidade aumenta a sensação de isolamento da pessoa e do grupo.

Uma forma de tornar a vulnerabilidade invisível é não falar sobre ela. Ao longo do tempo, diversos assuntos foram, e ainda são, objetos de **silêncio** em toda a sociedade. A violência doméstica, por exemplo, foi escondida e desqualificada durante décadas, provavelmente séculos. Apenas no final do século XX começou-se a falar sobre isso – por exemplo, em várias telenovelas e produções ficcionais.

No caso da saúde mental, para dar outro exemplo, um problema para o diagnóstico nasce das tentativas de desqualificar a pessoa que está passando por isso, como se ela tivesse escolha ou estivesse naquela condição de propósito. Isso se manifesta, por exemplo, em frases como "Isso é frescura", "Bobagem", "Todo mundo tem isso", "Se você quiser você consegue" e outras frases semelhantes.

Uma maneira particularmente agressiva desse tipo de postura é desqualificar a capacidade da pessoa de reconhecer sua própria situação de vulnerabilidade, alegando que ela "Não sabe do que está falando" ou "Isso não existe" – como se algum de nós fosse capaz de dizer com segurança o que se passa na mente da outra pessoa.

O ponto máximo desse tipo de atitude é fazer a pessoa vulnerável acreditar que está nessa situação exclusivamente porque quer. O cotidiano é cheio de ordens e contraordens de pessoas ao redor, em frases ditas, talvez, com uma questionável intenção de ajudar. "Está acima do peso? Pare de comer, se controle"; "Ansiedade? Ah, vai lá e enfrenta!"; "Seu filho dá trabalho? Fica mais em casa!"; "A carreira não decola? Claro, só cuida do filho!"

A sensação de "não conseguir" está ligada a algumas formas do sofrimento social contemporâneo. A pessoa é responsabilizada pela condição na qual se encontra, como se fosse sua opção mudar e, fica a sensação de que "é *culpa* sua" se você não conseguiu alguma coisa.

No entanto, isso muitas vezes não é visto: em uma sociedade na qual se espera o máximo o tempo todo, efeitos negativos só aparecem quando já estão em estágio avançado, no plano do risco à saúde e à integridade da pessoa.

Desqualificar essas situações, diminuir sua importância, desacreditar o sofrimento do outro parecem estar ligados ao desconhecimento da questão e falta de compreensão para com a vulnerabilidade das outras pessoas.

A dignidade de ser: as possibilidades do frágil

No mês de dezembro de 1934, uma jovem professora começou a trabalhar como operária na fábrica Alsthom, empresa do setor elétrico sediada em Paris. Aos 25 anos, Simone Weil, este era seu nome, era formada em Filosofia, lia grego antigo no original e já havia lecionado em várias escolas. Suas convicções sociais e políticas a levaram a buscar, em primeira mão, a experiência operária. Em uma carta a uma amiga, deixou um relato de sua experiência:

> Pense em mim, diante de um enorme fogo que cospe labaredas para fora, bafos de brasa direto no meu rosto. Fogo saindo por cinco ou seis buracos na base do forno. Eu bem na frente para pôr lá dentro cerca de trinta bobinas grossas de cobre [...]. E não creia que tenham nascido em mim sentimentos de revolta. Não, muito pelo contrário. Veio o que era a última coisa do mundo que eu esperava de mim: a docilidade.

Sem prática, com mãos pequenas e desajeitadas, Simone Weil era uma "trabalhadora não qualificada", grau mais baixo na escala. Sua fragilidade se tornou vulnerabilidade nessa experiência única entre filósofos: ela esteve lá. Sua experiência, registrada em vários escritos, tornou-se um de seus temas de estudo: a leve dignidade da existência humana.

Vulnerabilidades colocam em risco a dignidade da existência. Uma das primeiras perdas da pessoa ou grupo em situação vulnerável é sua autonomia, independência, os laços sociais e a possibilidade de tomar decisões. E, sem dignidade, não há expectativa de **felicidade**. Uma vida feliz, é antecedida por uma vida digna.

A garantia de direitos fundamentais, nesse ponto, é um aspecto necessário para a sociedade manter a dignidade de todas e todos. Não porque as pessoas são legais, boas ou justas em si (o que pode ser o caso, mas não está em jogo), mas porque indivíduos e grupos em situação de vulnerabilidade também fazem parte dessa sociedade. Em um panorama mais amplo, são cidadãs e cidadãos. Mais ainda, humanas e humanos.

Em alguns casos, a desproporção é de tal ordem, que direitos são entendidos como algo especial, restrito a poucos: somente uma sociedade que perdeu completamente a noção de **justiça** chama direitos de privilégios. Além do reconhecimento das vulnerabilidades, existe uma necessidade de criar, manter ou recuperar o sentido da dignidade da existência humana, sem a qual a vulnerabilidade se transforma em desqualificação, em seu sentido mais aberto e negativo.

Martha Nussbaum propõe uma série de dez capacidades mínimas, responsáveis pelo sentido da dignidade da vida humana em situações de vulnerabilidade, retomando justiça e a equidade entre os membros de uma sociedade. Ela enumera alguns requisitos, que vamos resumir e adaptar aqui de seu livro *Fronteiras da justiça*:

1) Vida: viver até o fim de uma vida humana de duração normal; não morrer prematuramente ou ter a vida reduzida a ponto de não valer a pena.

2) Saúde corporal: ter boa saúde, incluindo a reprodutiva; ter abrigo e nutrição adequados.

3) Integridade corporal: mover-se livremente de um lugar para outro; estar seguro contra violência, incluindo sexual e doméstica; ter oportunidades de satisfação sexual e de escolha em matéria de reprodução.

4) Sentidos, imaginação e pensamento: ser capaz de usar os sentidos, imaginar, pensar e raciocinar de um modo "verdadeiramente humano", cultivado por uma formação adequada, incluindo, mas não limitando, a alfabetização e a educação básica.

5) Emoções: ser capaz de ter apegos a coisas e pessoas; amar aqueles que amam e cuidam de nós, lamentar sua ausência; sentir saudade, gratidão e raiva justificada. Não ter o desenvolvimento emocional destruído pelo medo e pela ansiedade.

6) Razão prática: poder formar uma concepção do bem, refletir criticamente sobre o planejamento da vida.

7) Afiliação: (a) viver com e para os outros, engajar-se em várias formas de interação social; ser capaz de imaginar a situação do outro; (b) ter as bases sociais de autorrespeito, e não humilhação; ser tratado como um ser digno e com o mesmo valor dos outros, sem discriminação com base em raça, sexo, orientação sexual, etnia, casta, religião, origem nacional e espécie.

8) Outras espécies: ser capaz de viver com preocupação em relação aos animais, às plantas e à natureza.

9) Diversão: ser capaz de rir, brincar, desfrutar de atividades recreativas.

10) Controle sobre o meio ambiente: (a) político: participar efetivamente de escolhas políticas que governam a vida de uma pessoa; (b) material: ter direitos de propriedade em igualdade de condições com os outros; ter o direito de procurar emprego em condições de igualdade com os outros; estar livre de busca e apreensão injustificadas; trabalhar como humano, exercitar a razão prática e entrar em relações significativas de reconhecimento mútuo com outros trabalhadores.

Reconhecimento e solidariedade

Escutar a pessoa em situação de vulnerabilidade costuma ser um primeiro e importante passo para a mudança e a conquista da autonomia para entender as vulnerabilidades a partir do ponto de vista de quem está nessa situação. Respeitar a pessoa nessa situação e deixá-la falar. Ter a própria **voz** no espaço público, encontrar eco e resposta, são alguns dos fatores iniciais para reconhecer as condições nas quais se vive, tomar de consciência do que está acontecendo e, assim, ver possibilidades e necessidades de mudança.

É complicado dizer ao outro que ele sofre, mas é possível, estabelecendo com a pessoa uma relação de comunicação, encontrar pontos comuns para iniciar a construção do *reconhecimento* de uma situação como negativa.

Para usar apenas um exemplo, há menos de um século as chamadas necessidades especiais passaram a ser reconhecidas como uma questão social, muito além das características de um indivíduo ou na esfera da saúde. Foram décadas de trabalho de inúmeras pessoas para terem o reconhecimento de sua condição de protagonistas e conseguirem maior *equidade*, isto é, os *mesmos direitos* de outras pessoas – por exemplo, a partir do ensino da Linguagem Brasileira de Sinais, a audiodescrição ou a existência de galerias táteis em museus.

E nada impede a construção de laços de *solidariedade* no sentido de caminhar para objetivos comuns – reconhecemos quem é o protagonista, e encontramos meios de colaborar sem a ilusão de tomar seu lugar. A solidariedade reconhece o outro como a pessoa principal em uma situação, e oferece sua ajuda dentro do possível, sem se sobrepor aos protagonismos. Esse laço auxilia a construção de relações sociais mais fortes: "solidariedade" vem da mesma raiz de "sólido".

> Uma sociedade que não garante isso a todos os seus cidadãos, em um limiar adequado, está longe de ser uma sociedade plenamente justa, independentemente do seu nível de opulência.
>
> MARTHA NUSSBAUM. *Frontiers of Justice*, p. 75.

Podemos estar juntos sem passar por cima das características de cada um. Acolhendo antes de exigir, ouvindo antes de falar. Há maneiras diferentes de chegar a um bem comum, respeitando o momento de cada pessoa ou grupo. E encontrar no outro vulnerabilidades que poderiam ser suas, que talvez tenham sido ou possam ser.

Mesmo que você seja o imperador de Roma.

Além de potências e limites

Reconhecer vulnerabilidades, as próprias e as dos outros, está ligado à possibilidade de criar laços mais serenos nas relações sociais. A relação com outras pessoas é também o contato com suas vulnerabilidades, assim como uma exposição das minhas. Isso talvez signifique compreender que limites não são falhas, e podem ser superados se reconhecidos.

Pensar esses limites é encontrar um sentido mais aproximado do que se pode fazer; mesmo sendo a pessoa mais poderosa do mundo, como Marco Aurélio, é preciso levar em conta sua condição – potência para ser um imperador, consciência para ver seus limites, sabedoria para se reconhecer como humano. Apenas humano.

> **Para ler mais**
>
> BUTLER, J. *Relatos de si*. Belo Horizonte: Autêntica, 2016.
>
> GOFFMAN, E. *Estigma*. Rio de Janeiro: Zahar, 1975.
>
> MARCO AURÉLIO. *Meditations*. Londres: Penguin, 2015.
>
> NUSSBAUM, M. *Fronteiras da justiça*. São Paulo: Martins Fontes, 2011.

3

O tempo

Reaprender a usar o seu e o dos outros

HOUVE UM TEMPO EM QUE O TEMPO NÃO EXISTIA. Foi mais ou menos há uns 15 bilhões de anos, antes do *big-bang*, a grande explosão que deu origem ao universo. Ninguém sabe o que existia naquele momento, mas é o mais próximo que conseguimos chegar da ideia de eternidade. Cientistas de várias áreas discutem a questão, mas o máximo ao que os debates chegam não deixa de ser uma boa especulação. Do ponto de vista da Física contemporânea, o início do tempo é também o começo do espaço. Sem espaço, sem tempo.

O que existia antes do tempo?

Santo Agostinho, em suas *Confissões*, escritas no século IV, usa um argumento semelhante – claro, com uma perspectiva teológica: o que Deus fazia antes de criar o tempo? A resposta "Ele criou o inferno para quem pergunta demais" não agradava Agostinho. Como filósofo, procurava uma resposta mais elaborada. Sua pergunta teve vasta descendência na filosofia e, mais tarde, nas ciências naturais e sociais. As respostas, no entanto, continuaram abertas.

Hoje, 1600 anos depois, o conhecimento não avançou muito em relação ao que havia *antes* do tempo. A ideia de eternidade ainda desafia os limites do pensamento, mas foram descobertas outras dimensões do assunto. Dentre elas, a noção de que o tempo é, simultaneamente, um fenômeno físico e social.

No cotidiano, você sente o tempo das duas maneiras, mesmo quando não nota. Até porque uma parte dele não passa disso: uma invenção humana. Esse, aliás, é um dos maiores desafios do estudo do tempo: do ponto de vista humano, o único que temos, vivemos o tempo sem perceber sua existência.

As dimensões do tempo

Na noite de quarta-feira, 5 de outubro de 1582, moradores da Itália, Portugal, Espanha e vários outros países foram dormir como fariam em qualquer outro dia. Na manhã seguinte, no entanto, havia algo errado: em vez de acordarem dia 6, os registros estavam marcando dia 15. Dez dias haviam sumido do calendário.

A responsabilidade era de ninguém menos do que o Papa Gregório XIII: em um documento chamado *Inter Gravissimas*, decretou a passagem automática de data e, com isso, fez dez dias desaparecerem da História. O líder católico tinha uma boa razão para isso: as datas do calendário usado até então, chamado "juliano" (invenção de outro romano, Júlio César), não batiam mais com a mudança das estações do ano. Com a correção, foi possível ajustar a medida humana do tempo aos períodos orbitais da Terra.

Esse episódio diz algo sobre nossa relação com o tempo. Datas, calendários e outras divisões do tempo são arbitrárias, resultado de nossa cultura. Ao longo da História, cada sociedade inventou sua própria medida para o tempo. O tempo também está relacionado ao poder: um decreto do papa foi suficiente para transformar o calendário inventado por um imperador. Finalmente, e talvez esse seja o ponto mais importante: mostra o esforço humano para tentar entender o tempo.

Tempo e duração

Há algo de estranhamente perturbador quando falamos a respeito do tempo. Ele foge da atenção, escapa das tentativas de compreendê-lo, desaparece antes que consigamos capturá-lo com a inteligência. Nossa intuição consegue perceber sua existência, o corpo mostra os sinais de sua presença, organizamos o cotidiano ao seu redor, mas o tempo parece fluir indiferente, contínuo em sua passagem.

Um ponto de partida para delinear algo a respeito do tempo: sua *passagem*.

No início de seu livro *A evolução criadora*, o filósofo Henri Bergson emprega uma imagem bastante útil para explicar nossa relação quebrada com o tempo: o tempo flui continuamente, como uma linha cheia, sem interrupções. No entanto, como nossa consciência – e nossa existência – acontece *no* tempo, *dentro* dele, não conseguimos notar esse fluxo. Somos parte disso, e seria como tentar enxergar o ar que nos rodeia.

Como, então, percebemos o tempo?

Aí é que está o truque, quase uma autoilusão da mente: não percebemos o tempo em si, mas apenas os eventos que, de uma maneira ou de outra, *interrompem* essa linha, deixando sua marca. Não notamos a existência do tempo até que algo interrompa seu fluxo.

Quando isso acontece, conseguimos delimitar o evento, gravá-lo na memória. Ele deixa de ser um simples ponto na linha do tempo e ganha relevância. Torna-se parte de nossa memória, e, em vez de desaparecer como a maior parte dos outros eventos, ele dura. Aquele evento, que poderia ter se perdido, ganha uma outra qualidade: a *duração*.

Essa palavra, colocada assim, pode nos enganar. Quando falamos em "duração", no sentido comum, geralmente nos referimos ao tempo como algo *vai* demorar, no futuro. Por exemplo, quando perguntamos "Quanto tempo esta comida dura?", no sentido de algo que ainda vai acontecer. Um filme, por exemplo, geralmente dura duas horas, pilhas duram quatro meses, leite fresco não dura fora da geladeira, e assim por diante.

Bergson parece propor outro sentido para a palavra: a duração é quanto tempo um evento vai ficar em nossa mente. Ou seja, quanto tempo vai durar *dentro* de nós, como parte de nossa consciência, antes de desaparecer nas águas mais profundas da memória. Se o tempo, marcado no relógio, é algo relativamente objetivo (vamos voltar a isso depois), a duração é um estado subjetivo, é nossa *vivência subjetiva dos acontecimentos no tempo*. Um filme, nesse sentido, não "dura" duas horas, mas pode *durar* para sempre dentro de nós: recordamos cenas do que assistimos na infância décadas depois. A duração é uma face subjetiva do tempo.

O tempo cronológico, do relógio, está mais ou menos fora de nós. A rigor, cinco minutos são cinco minutos. Mas para a duração, isto é, a sensação subjetiva do tempo, cinco minutos podem significar coisas bem diferentes.

Se você está terminando a última questão de uma prova, ou se despedindo de seu namorado antes de uma longa viagem, aqueles cinco minutos parecem ser comprimidos em alguns poucos segundos. Mas, aguardando o resultado dessa prova ou esperando sua namorada sair pelo portão de desembarque de um aeroporto, cinco minutos parecem se prolongar ao infinito.

O corpo costuma dar sinais disso: entendemos o tempo, mas registramos as durações. A respiração muda, o coração bate mais acelerado ou devagar, as mãos ficam agitadas de acordo com a maneira como você sente o tempo.

Quanto duram cinco minutos?

Isso permite pensar em algo paradoxal: cinco minutos cronológicos, do relógio, não têm a *duração*, necessariamente, de cinco minutos para uma pessoa. A duração de um instante depende da importância que damos a ele.

Em uma sala de espera ou em uma fila, quando raramente algo digno de nota acontece, a sensação do tempo se expande, aumenta, dilata-se: você percebe o tempo se arrastando com extrema lentidão. Olha no relógio, o ponteiro não anda. Espera passar um tempo, tem a impressão de que já passou meia hora, olha no relógio de novo, passaram-se dois minutos. Não há eventos marcando sua passagem, nada acontece. Você chega perto, nesses momentos, de compreender o fluxo contínuo do tempo (e de ficar terrivelmente entediado).

No entanto, quando você está em alguma situação marcada continuamente por eventos, cada um deles deixa sua marca na linha do fluir do tempo, e você tem a sensação de que está tudo passando em uma velocidade terrivelmente alta.

Nas mídias digitais, por exemplo, há informações novas a cada momento. A tela dos celulares e *smartphones*, quando você está conectado nas mídias sociais, não deixa nenhum momento em branco. Não há instante vazio: à medida que você olha para a tela, novas informações aparecem, atraindo a atenção – como, geralmente, toda novidade. O resultado é a sensação de uma passagem muito rápida do tempo. Quase todos nós já caímos na autoarmadilha de ir checar e-mails ou redes sociais por "cinco minutos", e, quando notamos, já estávamos há um bom tempo olhando para a tela.

Mas a quantidade de eventos não é o único ponto para definir nossa relação com o tempo. A percepção do tempo depende também da *qualidade* dos acontecimentos.

Quando você dedica atenção a alguma coisa agradável, tem a sensação de que o tempo andou mais rápido do que quando está diante de uma tarefa difícil ou complicada. O fenômeno da passagem do tempo em um evento alegre parece muito mais rápido do que de uma situação ruim, ainda que sejam exatamente os mesmos.

Você já experimentou isso, por exemplo, na escola ou na faculdade: uma aula chata e uma interessante têm o mesmo número de minutos, mas uma passa voando enquanto que a outra parece demorar uma eternidade. A dedicação e o interesse a qualquer atividade fazem com que você queira *mais tempo*, e, portanto, o evento parece sempre curto.

Por uma vez, o senso comum está certo: tudo o que é bom dura pouco. Por mais que você possa estender o tempo, neste caso, ele continuaria sendo pouco; o que está em jogo não é o tempo, mas a atividade. O tempo só pareceria suficiente quando o que você está fazendo *deixasse* de ser bom. Essa relação entre o tempo e qualidade é um conflito quase insolúvel: raramente o tempo, a vontade e o interesse coincidem na vida – algo parece sempre sobrar ou estar faltando.

O tempo biológico: os ritmos do corpo

O ritmo do tempo está inscrito em nossa biologia. Boa parte dos seres vivos está apta a reconhecer as categorias "dia" e "noite" e detectar as variações de luz, cores e temperatura para organizar o metabolismo e as atividades. O tempo tem uma dimensão biológica. É o chamado "ciclo circadiano": do latim, *circa*, "cerca de", *diano*, referente ao "dia".

O ciclo circadiano é o conjunto de ações e reações biológicas dos seres vivos em um período de vinte e quatro horas, a rotação da Terra. Ao longo da evolução da vida, os organismos começaram a definir suas ações em relação ao ciclo diário de luz e sombra, calor e frio. Esse passo foi fundamental para regular a produção e o gasto de energia.

Basicamente, trata-se de uma espécie de relógio natural, no qual o sistema nervoso diz para o corpo qual é a atividade daquele momento – ficar alerta para conseguir comida, relaxar para processar os alimentos ou descansar e economizar energia para o ciclo seguinte.

Por isso, entre outras coisas, dormir de noite é mais revigorante do que de dia. À noite, o sono está de acordo com o ciclo circadiano. É como se o cérebro registrasse o período noturno como "ok, hora de voltar para a toca e iniciar o ciclo de recuperação de energia".

Além disso, em cada período do dia você está mais apto para algum tipo de atividade. Estudar em alguns períodos do dia, por exemplo, é contraproducente. O corpo simplesmente *não entende* a razão de um esforço e um consumo tão grande de energia se é hora, por exemplo, de processar vitamina D com um agradável passeio à luz do Sol.

Do mesmo modo, o final da tarde, quando está escurecendo, é hora de diminuir radicalmente a quantidade de atividades. O corpo entende que, pelas próximas horas, não haverá muita comida disponível, e, portanto, o melhor é reservar energia até o ciclo seguinte. Para economizar calor, nada melhor do que ficar quentinho em sua toca.

Alguns milhões de anos na história da evolução recomendam os melhores horários para cada atividade. No entanto, nos últimos duzentos e cinquenta anos, a humanidade parece ter decidido que a natureza estava errada, e deixamos de lado o respeito aos ciclos do corpo. São quase três séculos dormindo mal, trabalhando fora de hora, descansando no momento errado.

O mundo moderno parece ignorar completamente os ciclos naturais do corpo. Com a divisão artificial do tempo, a humanidade deixou de lado ritmos biológicos. Daí a sensação de cansaço crônico quando desobedecemos sistematicamente os ciclos naturais do tempo biológico de nosso corpo.

A luz elétrica permitiu ampliar indefinidamente o tempo de atividades: o "final do dia", marcado desde sempre pelo anoitecer, agora significa o "fim das atividades". Só que, no mundo contemporâneo, as atividades não terminam nunca. Há uma demanda quase infinita de coisas para fazer, às vezes você só decreta o final das atividades quando está excessivamente cansado para prosseguir – e muito depois do momento indicado no ciclo circadiano.

O aumento no número de atividades profissionais e pessoais é uma das causas dessa desregulação. O tempo social, com suas demandas infinitas por atenção, interação e resposta, é responsabilidade nossa – daí a necessidade de regular esse tempo de acordo com nossas possibilidades e interesses. E as tecnologias parecem ter contribuído para isso.

Detalhe: a luminosidade azul das telas digitais tem uma frequência semelhante de onda da luz solar. Diante do computador ou do *smartphone*, o cérebro entende que "é dia", e impulsiona o corpo a continuar trabalhando, mesmo quando outros órgãos já estão em ciclos de menor atividade. É sempre o amanhecer de um dia de trabalho diante de uma tela, mesmo em plena madrugada.

O conflito entre o tempo humano e o tempo da natureza não é de hoje. Mas ficou bem mais complicado.

A medida do tempo: a mudança e a repetição

Nossos ancestrais começaram a medir o tempo milhares de anos atrás. Não existe uma data certa, o que não deixa de ser um pouco irônico, mas é possível especular que a percepção de algum tipo de *ritmo*, primeiro ponto para medir a passagem do tempo, tenha começado ainda na pré-história.

Na aurora do Período Neolítico, mais ou menos dez mil anos atrás, seres humanos inventaram a agricultura. O cultivo do solo exige um conhecimento mais preciso do tempo para saber a época de plantar e colher.

Os ritmos da natureza podem ter sido uma das primeiras relações da humanidade com a noção de tempo e duas de suas características centrais: a passagem e a repetição. Nossos ancestrais viam a sucessão das estações de forma contínua, linear, voltando e voltando todos os anos. Frio, calor, chuva, época de plantar, ver crescer, colher, estocar até a próxima safra, começar novamente. Animais migravam, voltavam, sumiam e reapareciam.

Retomando uma bela imagem do astrônomo Carl Sagan em seu livro *Cosmos*, se algum de nossos antepassados olhasse para o céu – e tenha certeza que olhavam –, talvez tenham percebido esse movimento de eterno retorno em uma escala infinitamente maior: todas as noites, ao longo do ano, as estrelas se sucediam. Mudavam lentamente de lugar até desaparecerem e, um ano depois, estavam no mesmo lugar, formando o mesmo desenho.

> O que é, por conseguinte, o tempo? Se ninguém me perguntar, eu sei; se quiser explicá-lo a quem me fizer a pergunta, já não sei.
>
> SANTO AGOSTINHO. *Confissões*, p. 278.

Mais próximo, o Sol mantinha seu ritmo diário. Dependendo da latitude, os dias duravam muito mais ou muito menos, mas estavam sempre lá. A Lua era muito mais misteriosa: seu ciclo durava sete dias, em constante mudança. E, a cada vinte e um dias, desaparecia por outros sete. Onde ela teria ido? Alguns dias depois, apresentava-se como um pequeno risco crescente até se tornar novamente um disco cheio, luminoso, no meio do céu noturno. A natureza, em seu ritmo, sugeria a noção de eternidade.

Talvez não seja por acaso que, olhando para o mundo natural, inventamos histórias sobre seres eternos para representá-lo. Começamos a contar histórias para explicar o movimento, os ciclos e repetições da natureza e inventamos a mitologia. Mas esses ciclos, por outro lado, eram continuamente desafiados.

Essas repetições eram acompanhadas de mudanças, muitas delas irreversíveis. Pessoas nasciam e morriam, chuvas caíam fora de época, árvores desabavam, vulcões entravam em erupção, enchentes inesperadas devastavam regiões. Nada voltava a ser o mesmo. O movimento da passagem do tempo era também transformação das coisas: nada permanecia como era, e nem tudo voltava a ser como tinha sido, a começar pela vida humana, em seu tempo limitado e irreversível.

Tempo cronológico e tempo humano

Os antigos gregos foram os primeiros, em nossa cultura ocidental, a notarem que vários tipos de tempo existiam simultaneamente. Eles tinham ao menos três conceitos de tempo. O mais simples, *cronos*, era o tempo físico, da natureza e das atividades cotidianas. Um segundo conceito era a noção de *kairós*, o "tempo certo" para as coisas acontecerem. O *kairós* não é um tempo físico, que pode ser medido, mas a ideia da existência de um momento oportuno, no qual as circunstâncias podem confluir, para tudo acontecer de maneira certa. Finalmente, o *aion*, tempo da eternidade, talvez o mais difícil de compreender em nosso estado humano de finitude.

Mas os gregos também sabiam que o tempo da ação, da *pragma*, precisava ser equilibrado com o tempo da *theoria*, que significa "contemplação". A reflexão, a tomada de decisões, a avaliação de como anda a vida só pode ser feita com tempo – exatamente o que você *não* consegue quando está conectado durante as 24 horas do dia.

A necessidade de medir o tempo nos levou a criar instrumentos para medir com maior precisão sua passagem, o relógio, palavra que vem do grego *horologion*, e significa, do grego antigo, "*horon*", "hora", e "*logia*", "estudo" – a língua francesa ainda conserva essa raiz na forma "*horloge*", para "relógio". Os primeiros relógios datam de milhares de anos.

Mas a principal mudança não foi a invenção de *instrumentos* para medir o tempo. Foi algo mais abstrato e muito mais importante para nós: inventamos *unidades* para marcar a passagem do tempo. Com isso, conseguimos abstrair a existência do tempo, saindo de uma simples (entre muitas aspas) percepção para torná-lo *objetivo*.

Pela primeira vez, com os relógios, conseguimos *ver* o tempo fora de nós. Mais ainda, confinamos o tempo em unidades: horas, minutos, segundos, divisões arbitrárias que, a partir de então, passaram a estruturar todos os aspectos da vida.

Fenômeno natural e estado subjetivo, o tempo ganhou outra característica quando começamos a coordenar nossas ações a partir dele: o tempo se tornou *histórico* e *social*.

O tempo imaginário do passado e do futuro

No coração de Londres, bem ao lado do Big Ben, fica o Palácio de Westminster, sede do parlamento britânico, com suas divisões, a Câmara dos Lordes e a Câmara dos Comuns. A parte mais antiga do edifício data do século XIV: Thomas More foi sentenciado à morte lá por discordar do Rei Henrique VIII.

Visitantes podem fazer um breve passeio e, lá pelo final, chega-se ao salão principal. Há algo de profundamente solene lá. Existem, claro, objetos triviais – cadeiras, mesas, lâmpadas. Seja qual for sua importância, não são mais do que isso – cadeiras, mesas, lâmpadas. No entanto, durante a visita, não há como vê-los dessa maneira. Não são simplesmente mesas ou cadeiras; são algo maior, símbolos do tempo.

O parlamento inglês foi projetado por um arquiteto chamado W.N. Pugin, no século XIX. Pugin, um católico praticante e entusiasta da Idade Média, foi um dos artistas incumbidos de reconstruir o edifício após um incêndio, ocorrido anos antes. Pugin desenhou um prédio criado para parecer velho, como se tivesse sido magicamente trazido da Idade Média. A construção deveria expressar a solenidade das atividades desenvolvidas lá dentro: *evocar* um tempo passado para *legitimar* os atos presentes. A história e a memória também servem para a política.

Uma das providências que tomamos para entender o tempo é estabelecer divisões mais ou menos regulares. Em seu aspecto mais amplo, falamos em termos de "passado", "presente" e "futuro".

Em vários idiomas, utilizamos os "tempos verbais": indicador de como o tempo e linguagem, juntos, estruturam o pensamento e as ações. Localizar uma ação no tempo é situá-la também na linguagem e, claro, no pensamento. Definir *quando* aconteceu alguma coisa é fundamental para traçar relações de causa e efeito entre os eventos: adquirir as noções de "antes" e "depois" é um grande passo para a inteligência humana.

Na criança, o desenvolvimento da noção de tempo é um momento avançado da inteligência, quando a ideia de espaço é complementada por essa outra categoria fundamental. Às vezes, crianças que estão aprendendo as noções de tempo podem usar a palavra "ontem" para se referir a qualquer evento passado; no caso, "ontem" significa mais "não foi hoje" do que "dia anterior". A relação com o tempo está ligada ao desenvolvimento da inteligência e com a capacidade de criar conexões entre fatos e acontecimentos. Aprender uma língua é entender o tempo de cada idioma e cultura: linguagem e tempo, entrelaçados, estão entre as categorias responsáveis pela maneira como você entende a realidade.

A percepção e o entendimento do tempo ajudam o ser humano a se situar em relação aos fatos, distribuindo e organizando acontecimentos de acordo com seu lugar em uma sucessão. Isto aconteceu "ontem", aquilo "dez anos atrás", ou "semana passada". A linguagem indica se você está falando de algo no passado mais próximo ou mais distante, um futuro imediato ou longínquo. E revela como cada cultura distribui o tempo: as línguas usam *tempos verbais* diferentes para situar os acontecimentos.

Ao aprender um novo idioma essa costuma ser uma das partes mais difíceis; você está reaprendendo a relação com o tempo, descobrindo, literalmente, *tempos que não existiam* em um idioma. Em português, tanto as expressões "era", "foi" quanto "tinha sido" remetem ao passado. Mas não temos um "passado perfeito" como, por exemplo, o *"present perfect"* na língua inglesa.

A linguagem verbal cria as categorias utilizadas para definir nossa posição dentro do tempo e, com isso, permite situar os acontecimentos em relação a um "agora". Ao fazer isso, permite *narrar* os eventos dentro de um tempo.

Quando fizemos isso pela primeira vez, há mais ou menos seis mil anos, tivemos a ideia de *registrar* os acontecimentos. Eles deixaram de morrer com cada pessoa. O passado e a memória passaram a fazer parte de algo novo: a *História*.

O tempo e a história

Em seu livro *O passado é um país estrangeiro*, o historiador David Lowenthal lembra uma distinção fundamental para a compreensão do tempo: "história" e "passado" são coisas bem diferentes.

O passado é um tempo que já não existe, nunca mais irá existir. A história, por sua vez, se refere – entre outras coisas – a um esforço de, a partir das fontes disponíveis e do trabalho refinado de historiadoras e historiadores, construir uma narrativa sobre alguns pontos do passado. Esses aspectos, escolhidos a partir de uma quantidade limitada de fontes, delimitam o conhecimento do passado, formando a "história" propriamente dita.

Isso tem duas consequências.

Primeiro, o conhecimento do passado é sempre limitado. Você pode conhecer alguns *eventos* localizados, mas nunca a reconstituição precisa de tudo o que estava acontecendo em uma determinada época e lugar. As informações a respeito do passado raramente são completas. Mesmo em conjunto, oferecem uma ideia aproximada: eventos que não são narrados, registrados, ou sem vestígios tendem a desaparecer com a memória daqueles que o viveram.

Esta leitura, por exemplo, dificilmente vai existir em termos históricos. Raramente deixamos vestígios da leitura de um livro.

Você pode, claro, fazer um resumo ou copiar algumas frases mais interessantes. Isso forma um *registro*, quase um *documento* da leitura. A questão vai mais além: a existência de um documento histórico não garante que alguém vá encontrá-lo.

É preciso que no futuro, digamos, no século XXIII, alguém tenha interesse em estudar os padrões de leitura de hoje em dia e, com isso, se interessar pelas suas notas. Ou, se você é ou se tornar uma pessoa famosa e influente, talvez alguém queira saber quais livros você leu, e então há uma chance bem maior de sua leitura ser lembrada.

A história lida, entre outros elementos, com vestígios deixados no tempo. Como só há registros de alguns dos eventos, não há como saber exatamente o que aconteceu *entre* eles e, menos ainda, como todas as pessoas daquela época entenderam o que estava acontecendo.

Imagine, por exemplo, a queda do Império Romano.

Na escola, você aprendeu que isso aconteceu em 476. De fato, naquele ano, no dia 4 de setembro, Odoacro, rei dos Hérulos, depôs Rômulo Augusto, último imperador de Roma. O processo foi até que relativamente pacífico: os invasores não se deram sequer ao trabalho de expulsar o imperador recém-destituído, que viveu em uma propriedade rural perto da cidade até uma idade avançada.

Para nós, isso significa uma mudança de período histórico: é o começo da Idade Média.

Mas, para a maior parte dos romanos e cidadãos do império, provavelmente foi mais um dia absolutamente comum – acordaram, foram trabalhar, discutiram política, fizeram negócios, viraram amigos, apaixonaram-se e brigaram como em qualquer outra data.

No dia seguinte, 5 de setembro, nenhum deles se considerou na "Idade Média": eles eram romanos, e não havia razão para pensarem de outra maneira. Até porque o conceito de "Idade Média" não existia: a história é escrita retrospectivamente, e a noção de "Idade Média", ao que tudo indica, é uma invenção do Renascimento (só para complicar, a própria noção de "Renascimento" é uma invenção do crítico alemão Jakob Buckhart, no século XIX).

Uma comparação com a cultura pop pode ajudar: quem gosta de séries de filmes ou televisão sabe que uma diversão dos fãs é imaginar o que acontece, por exemplo, *entre* os episódios ou com personagens secundários. É o espaço de criação de histórias pelos próprios fãs, as chamadas *fanfics*.

Por isso, quando falamos de "períodos" da História, precisamos lembrar que o tempo não se deixa prender em categorias, por mais elaboradas que sejam. As divisões do tempo, na História, em épocas ou períodos, são arbitrárias, e isso não pode ser perdido de vista.

Falamos de "Idade Média" ou "Anos 60" como se fossem períodos uniformes, sem mudanças ou diferenças internas. Na prática, provavelmente não foi assim. Definimos as épocas a partir de características *mais ou menos* comuns, mas não podemos *reduzir* um período de tempo a esses elementos gerais.

Os tempos ao seu redor

O tempo histórico tem mais de uma dimensão. Vivemos, simultaneamente, em vários tempos diferentes. Ou, se preferir, em várias *escalas* de tempo.

Podemos imaginar as épocas como um vasto mar ou oceano, cada um cheio de correntes se movendo paralelamente, cada uma em seu ritmo. Na superfície de cada período estão as mudanças mais visíveis, as correntes mais rápidas – são as diferenças que percebemos entre as épocas.

> Um é progressivo e reto; corresponde ao curso real do devir. O outro é regressivo, cíclico, reversível; o produto da recordação, da memória, do imaginário. O primeiro é o tempo histórico, sempre marcado com o sinal da perda, da finitude, da morte. O segundo é a época da origem, do mito, da poesia, apoiada na esperança de recuperar, de reencontrar os paraísos perdidos: a infância e os amores do passado.
>
> ADRIANA VILALTA.
> *El tiempo y lo imaginario*, p. 33.

Vistos de longe, nessa superfície, o século XXI não tem nada a ver, digamos, com o XIX. No entanto, para além dessa parte mais visível, há outras correntes mais profundas, fluindo em um ritmo diferente, mais lento, semelhantes ao que eram séculos, talvez milênios, atrás, algo próximo do que o historiador Ferdinand Braudel denominou como *longa duração*.

É possível encontrar, ao mesmo tempo, *rupturas* e *continuidades* de práticas ao longo do tempo e da história.

Ao seu redor existem vários tempos simultâneos, vindo de épocas diferentes, representados em ações ou objetos. Ler um livro, como você está fazendo, é uma atividade das mais antigas, e talvez tenha começado no Egito, há mais de quatro mil anos. Estas letras são o desenvolvimento do alfabeto grego de milênios atrás. Se você usa óculos, está com uma invenção da Idade Média no nariz (assim como as calças compridas, as catedrais góticas e os botões de sua roupa). O vidro da lente tem mais de quatro mil anos, enquanto a liga de plástico ou metal da armação não tem mais do que cinquenta. E seu *smartphone*, provavelmente perto de você, é uma invenção da primeira década do século XXI.

A ideia de que vivemos em "nosso tempo" é apenas parcialmente verdade. Certo, estamos todas e todos no mesmo ano do calendário, no mesmo mês e dia da semana. No entanto, para além dessa impressão superficial de sincronismo, nos movemos constantemente em várias dimensões do tempo – daí a necessidade de alguma organização, uma *medida* que conseguisse colocar ordem no tempo, e encontramos isso nas divisões da História.

Tempo é dinheiro?

A finitude do tempo coloca o ser humano diante do problema da responsabilidade por suas escolhas. Como o tempo de vida é finito e a flecha do tempo é irreversível, cada instante de vida é único e precioso.

Se fosse possível voltar no tempo livremente e reescrever as ações, não haveria nenhum problema de responsabilidade: se algo deu errado, bastaria voltar no tempo e refazer a situação – mais ou menos quando apertamos o botão "voltar" quando erramos em um texto. No entanto, como a vida está inscrita no tempo, somos responsáveis por todos os instantes.

Quem é dono do seu tempo? Como não poderia deixar de ser, o tempo está sujeito às convenções sociais. Existe uma *distribuição social do tempo*, definida não só pelas horas do dia ou pelo fato de que nossa existência tem fim, mas porque existem limites intransponíveis para isso. O tempo é o bem mais valioso que você tem, que nós temos.

A expressão "tempo é dinheiro" sugere uma equivalência que não existe. O tempo é muito mais valioso do que o dinheiro.

A razão é simples: se você perde dinheiro, existe a chance de recuperar o que se foi. Mas, quando perde tempo, não há como trazê-lo de volta. O que você faz em um momento está marcado lá para sempre. Não há como reverter a linha do tempo e reescrever os acontecimentos – embora possa mudar o *significado* atribuído a eles.

A divisão do tempo é um dos principais problemas do mundo contemporâneo, em particular diante das muitas, infinitas, vezes em que solicitam seu tempo. O desejo de "ter um tempo para mim", típico do mundo atual, não deixa de ser um sintoma dessa falta de controle sobre o próprio tempo.

Das vinte e quatro horas de um dia, pelo menos oito são direcionadas ao trabalho, fora os tempos de deslocamento.

Em *O capital*, Karl Marx mostrou que o tempo de trabalho se transforma em uma mercadoria que o trabalhador tem para dispor; o valor do tempo depende, em parte, da qualificação da pessoa, elevando – ou diminuindo – sua hora. E a questão vai além disso. Além do tempo de trabalho remunerado, temos também um tempo obrigatoriamente distribuído para outros deveres, como cuidar de casa, da família ou de outros compromissos. Esse tempo também já está distribuído, e não é, a rigor, seu.

O desafio é pensar o que fazer com o tempo que resta.

Você disse "tempo livre"?

Em um texto de 1969, o filósofo alemão Theodor W. Adorno apontava uma contradição na ideia moderna de "tempo livre": o "tempo livre" costuma ser tão cheio de compromissos, demandas, atribuições e obrigações que, na prática, não é "livre", mas uma *obrigação de se divertir* semelhante à do tempo de trabalho. Você tem hora para sair, enfrentar filas, há custos mais ou menos altos e a vaga sensação de que é preciso aproveitar ao máximo aquelas horas livres na noite de sexta-feira ou de sábado. Um tempo livre guiado pela mesma *racionalidade* do tempo de trabalho. Adorno lembra algo fundamental: o tempo livre precisa ser *livre*; isto é, seu.

Muitas vezes, além do tempo utilizado para atividades remuneradas ou compromissos, distribuímos parte de nossa existência em atividades que, na prática, significam muito pouco. Quando estamos conectados em redes digitais, por exemplo, estamos produzindo conteúdo – trabalhando? – para outras pessoas, investindo em uma atividade que talvez não precisasse de tanta atenção e tempo de nossa parte.

Há, no ambiente das mídias digitais contemporâneas, uma contínua solicitação de tempo e atenção. Mensagens, avisos, notificações, e-mails e outras formas de interação nos convocam constantemente, sempre solicitando atenção e resposta imediata, para ontem. Se formos atender a todas elas, não desconectaremos em momento algum, trabalhando ininterruptamente. Sherry Turkle, no livro *Alone Together,* identifica esse fenômeno como a cultura do *always on*, "sempre ligados", para se referir à atenção constante que as interações em rede demandam.

Ao que parece, nesse ambiente, estamos perdendo a virtude de esperar – ou, como escreveu a jornalista Eliane Brum em um texto, "precisamos, com urgência, recuperar o sentido de urgente". Quando usamos o tempo livre (comprado, aliás, com o tempo de trabalho) para atender a essas demandas contínuas, mesmo quando parecem interações pessoais, podemos nos perguntar se estamos, de fato, usando nosso tempo *para nós*. Ou perguntar, de fato, quem comanda nosso tempo.

Para ler com calma

ADORNO, T.W. *Palavras e sinais*. Petrópolis: Vozes, 1998.

AGOSTINHO. *Confissões*. Petrópolis: Vozes, 2004.

BERGSON, H. *A evolução criadora*. São Paulo: Martins Fontes, 2008.

MARX, K. *O capital*. Rio de Janeiro: Civilização Brasileira, 2014.

VILALTA, A. *El tiempo y lo imaginario*. México: FCE, 2016.

4

Do **skinny** ao **plus size**
Compreender o significado do corpo

CHRISTINE DE PIZAN ESTAVA COM UM PROBLEMA BEM SÉRIO PARA RESOLVER. Recém-viúva, seu marido, embora tivesse um bom emprego, não havia deixado recursos suficientes para ela se manter com a mãe e os filhos pequenos. Sem muitas perspectivas de trabalho, começou a escrever, e logo se tornou uma das mais conhecidas autoras de sua época, a primeira escritora profissional da França.

Mas ela não se destacou só pela qualidade literária de seu trabalho. Christine participou dos debates intelectuais da época, e adquiriu reputação internacional por defender a igualdade e um tratamento justo para as mulheres. O *Livro da cidade das mulheres*, por exemplo, fala da contribuição feminina às artes, à literatura e à história, mostrando um modo de pensar que seria retomado apenas alguns séculos depois.

Ah é, esquecemos de dizer: ela fez tudo isso no século XIV. Plena Idade Média.

Sobretudo, a ideia de que a diferença entre homens e mulheres não podia ser pensada em termos da "superioridade" ou "inferioridade" de corpo, visto como tendo sido feito apenas para esta ou aquela função, mas em uma perspectiva natural, que levasse a discussão para além disso – e entendesse o que é, de fato, ter um corpo.

Um arqueólogo do século XXIV

É possível que em um futuro distante nossos descendentes olhem a obsessão contemporânea com o corpo com a mesma perplexidade que vemos hoje a escravização ou as guerras, parte de um passado que gostaríamos de tirar da memória. Então, quando os arqueólogos do futuro encontrarem embalagens de alimentos, se perguntarão o sentido da descrição detalhada das calorias, gorduras, sódio e carboidratos. Talvez vejam imagens, hologramas, arquivos, e tentem entender as *selfies* postadas em redes sociais, nas imagens publicitárias ou no jornalismo.

Este capítulo lida com o lugar do corpo na vida com os outros. Ou melhor, com as imagens do corpo. Em particular, do corpo de cada uma e cada um, com suas características absolutamente normais e que, muitas vezes, por isso mesmo, são considerados "fora do padrão".

Mas que padrão é esse que coloca para fora parcelas inteiras da população? Quem definiu? Quem está "fora" não é simplesmente de *outro* padrão? Se essas questões parecem distantes, ficam evidentes na hora de comprar roupas: de acordo com seu corpo, parte do sistema parece simplesmente ignorar você. Ou coloca em categorias específicas. Comprar uma roupa não é apenas uma questão estética, mas também envolve uma concepção de corpo e o modo como cuidamos dele. E, principalmente, como outras pessoas se acham no direito de cuidar de seu corpo mesmo sem você pedir. Corpo é uma questão de relação com os outros. Uma questão política.

Os sinais dessa preocupação contemporânea com o corpo podem ser encontrados nos mais diversos lugares, como nas livrarias, propagandas, perfis em redes sociais, lojas de roupas e alimentos. Falar de corpo significa lidar com questões de saúde, estética e regulação social. Principalmente no que diz respeito ao peso como princípio do que é "ser bonito" e "ser saudável".

Leitura de livros sobre o corpo ideal, exame de revistas e *blogs* sobre alimentação, páginas na internet e perfis em redes sociais mostram uma trilha que remete para um mesmo lugar: a relação pautada em conseguir um corpo dentro dos padrões – perfeito, normal, saudável, para ser fotografado, mostrado, registrado.

O corpo estético e o corpo controlado

O corpo atual é sobretudo para ser visto. O corpo contemporâneo é um local onde se entrelaçam estética e política. Todos os dias, decidimos, na medida do possível, como será nosso corpo. É um exercício de preparação para o encontro com os outros, e levamos em conta o que esperar. Confluência de desejos e expectativas, contrabalançados por frustrações e ansiedades, o corpo é um espaço político desenvolvido com a estética. É uma tensão entre o indivíduo e as representações sociais que o acompanham permanentemente.

A busca pelo corpo perfeito costuma ser acompanhada de justificativas com base em razões de saúde e de estética. Aparentemente, essas duas racionalidades entram em choque com alguma facilidade.

De um lado, há uma questão estética responsável por definir, em cada época, o que se entende como o "corpo perfeito". Desde a Antiguidade, o corpo é um dos temas preferidos da arte. Essa estética se apresenta como o culto de uma perfeição, linhas definidas, harmonia proporcional de componentes e contornos. É o corpo a ser mostrado, preparado para provocar um efeito de apreciação da beleza. No sentido comum atual, "preparar o corpo para o verão", na publicidade dos grandes centros urbanos, representa um ponto dessa razão estética: a definição de um corpo a ser visto, desejado, invejado e admirado pelo outro.

Por outro lado, existe a razão clínica do cuidado com o corpo. A beleza, atributo da cultura e do acaso, seria uma decorrência do corpo biologicamente bem organizado, saudável, prospectivo de saúde, designado não apenas para a sobrevivência *junkie food* do cotidiano, mas para uma vida de integração de funções, garantindo a harmonia proporcional – é a mesma expressão do parágrafo anterior – de nutrientes, medidas, preocupação constante, índices e limites no corpo a ser cuidado, expressão da "vida saudável" desejada e neuroticamente negada no cotidiano.

Olhando mais de perto essas duas razões, a estética e a biológica, parece existir uma outra racionalidade: corpo *custa* e *produz* dinheiro. Existe uma economia ligada ao corpo, e não apenas no que diz respeito à moda ou à compra de cosméticos, embora isso também esteja relacionado.

Estético, o corpo é uma mercadoria de consumo no mundo das imagens contemporâneas. Serve não apenas para ser visto, mas também como objeto de um desejo (queremos "ser assim", "ter um corpo assim") acompanhado pela culpa proporcional (a insatisfação constante com o próprio corpo, vontade de "não ser assim"). E, no fim das contas, pode-se desconfiar se é de fato possível obedecer a todos esses padrões.

Parece existir uma contradição, quase um paradoxo, entre o desejo de ter um corpo perfeito e as condições para isso – por exemplo, a chance de como "comer saudável" na velocidade técnica das grandes cidades. O cuidado com o corpo exige um **tempo** que desaparece constantemente no dia a dia (é sintomático que existam academia, em algumas cidades, funcionando 24 horas por dia; é possível questionar que tipo de sociedade faz com que alguém decida cuidar do corpo durante a madrugada). Entre o corpo saudável e o corpo perfeito existe o real, o corpo possível.

Quando a estética se encontra com o cuidado, há uma nova expressão: o corpo como mercadoria, o que o filósofo político Antonio Negri chama de *biocapitalismo*, representado nos "tratamentos", sem nenhuma relação com a medicina, dos mais diversos matizes, para "emagrecer", "secar", "perder a barriga", "se preparar para o verão", "eliminar a celulite", "barriga de tanquinho" e outras expressões referentes ao corpo encontradas em qualquer esquina da internet ou comentário de redes sociais.

Será que isso não leva a uma espiral, na qual a obtenção do desejo é também sua própria negação? O estímulo ao desejo, de um lado, é acompanhado de condições que impossibilitam sua realização. O custo do corpo perfeito o torna inviável, irrealizável, para largas parcelas da população, ao mesmo tempo em que sua apresentação como ideal o torna parte de um desejo absoluto, tanto mais buscado quanto mais distante se torna.

Olhando no espelho

Quando você se olha no espelho, vê seu corpo refletido nele, certo? A pergunta parece óbvia se a resposta também fosse: embora, claro, você veja uma imagem refletida, a maneira como você vai *interpretar* o que está vendo depende de outras imagens – as que são veiculadas na mídia, nos *posts* de redes sociais, que nascem das palavras de amigas e amigos, familiares e colegas.

Essas imagens, metaforicamente, estão entre você e o reflexo no espelho. Por isso, a imagem no espelho não é, digamos, apenas o seu reflexo, mas o resultado de todas essas outras imagens e representações que chegam até você todos os dias. Por isso, mais do que um reflexo, você vê um *sentido*: um corpo "bonito", "feio", "no padrão", "fora do padrão" e assim por diante. É sua *imagem corporal*.

Nessa lógica, "ser saudável" leva a "ser bonito"; "ser bonito" é consequência de "ser saudável". Nos dois casos, exige um alto investimento de tempo, energia e finanças. É necessário ganhar dinheiro e trabalhar no ritmo acelerado até o infinito pelas exigên-

Em nossa cultura, a imagem corporal é provavelmente o componente mais importante na autoestima de adolescentes e adultos; ou seja, em geral, uma imagem corporal negativa corresponde a várias facetas da neurose, como baixa autoestima, depressão, ansiedade, medo de uma avaliação negativa e até tendências obsessivo-compulsivas.

ROSA MARIA RAICH. *La tirania del cuerpo*, p. 29.

cias de produção, reduzindo o tempo para o cuidado com o corpo e recomeçando o processo. Podemos encontrar vários sintomas do que essa espiral produz na sociedade, afetando sobretudo indivíduos em situações **vulneráveis**.

Esse corpo estético-político é construído a partir de uma questão econômica, justificada e legitimada por uma racionalidade de cuidado. No cotidiano, raramente você percebe todos esses elementos em ação. Só notamos o corpo e tudo o que é dito a seu respeito quando alguém nos fala sobre ele, seja um parente com um comentário inoportuno em uma reunião de família ("Olha, vai comer isso? Isso engorda"), seja no âmbito das imagens contemporâneas.

O *post* nas redes sociais, a reportagem sobre saúde e corpo saudável e a publicidade que mostram o corpo perfeito são diferentes na forma e público; mas, no fundo, dizem algo bem parecido: a mais recente estratégia para emagrecer ou manter a saúde encontra paralelos no *post* nas redes sociais, nos "regimes da moda" e na notícia sobre este ou aquele alimento ou procedimento, às vezes legitimada pela fala autorizada de um especialista.

A expressão "regime da moda" é propositalmente ambígua. De um lado, "regime" significa "sistema" ou "modo de ser": o corpo "na moda" de alguma maneira, condicionado por uma política de imagem. Por outro lado, tem o sentido de "o regime que está na moda". Essas duas dimensões se encontram no corpo, particularmente no corpo vestido.

Vale olhar melhor para cada uma dessas dimensões.

Estar na moda, estar no corpo

Do ponto de vista da relação com os outros, a moda pode ser entendida como um dos pontos mais importantes para a construção da autoimagem, não só de acordo com o que nos agrada, mas também pensando no modo como outras pessoas vão nos ver e nos julgar. A moda está ligada a uma *autoperformance* cotidiana.

O aspecto político da beleza encontra na moda seu espaço por excelência de ação. O sentido de colocar uma roupa é muito mais de *ser visto* do que propriamente *se vestir*. As políticas da beleza, do belo e do feio, de estar "bem vestido" ou "mal vestido" são pontos presentes em todos os momentos o do processo de se vestir. Mas por que se preocupar em "estar na moda"?

Talvez um primeiro aspecto seja a ideia de estarmos ligados ao tempo, de pertencer a uma época ou a um grupo – moda é, sobretudo, um fenômeno social. A moda não é feita para se usar sozinho. "Estar na moda" pode ser entendido como estar na *mesma* moda que outras pessoas. Mas não *todas* as outras pessoas; apenas aquelas a quem atribuímos um certo reconhecimento.

Em um estudo de 1975 intitulado "O costureiro e sua grife: ensaio de uma teoria da magia", o sociólogo Pierre Bourdieu mostra como o circuito da alta costura funciona de acordo com suas próprias regras, rituais e meios de consagrar – ou destruir – reputações, lançar ou eliminar tendências. Daí o requinte às vezes aparentemente incompreensível para quem está fora da área, nos desfiles das principais grifes.

Mas esse mundo, a princípio, é interditado à parte da população. O fato de serem *de grife*, a exclusividade garantida pela assinatura de seus criadores – assinar a obra: a marca clássica da arte – tem um preço muito distante das possibilidades de quem procura roupas em uma loja *prêt-à-porter*. São circuitos diferentes, e raramente é possível transitar entre eles. Fora do mundo imediato das grifes, a moda cotidiana ganha outros aspectos, tornando-se parte de uma beleza prática: veste-se o que cai bem, dentro do orçamento e tem algum sentido. Corpo, economia e significado; a moda trabalha esses três elementos em constante tensão.

Primeiro, porque a moda é, como diz o filósofo Gilles Lipovetsky no título de um de seus livros mais conhecidos, *O império do efêmero*. Uma das suas características é o tempo esperado de duração: uma tendência não deve durar muito, e a novidade corre sempre em um ritmo maior do que o poder aquisitivo.

Mas moda significa também a adequação esperada de um tipo de corpo. Nas políticas da estética, a roupa não é só feita para o corpo, mas o corpo, espera-se, deve caber na roupa. Podemos imaginar o modelo de corpo belo esperado olhando para os contornos das roupas, seu corte, tamanho, modelo, coleção e vários outros elementos: eles mostram qual corpo é esperado dentro daquela vestimenta.

O discurso é o da beleza, do corpo para ser visto: há tamanhos específicos aos quais o indivíduo deve se adequar sob pena, na hora de comprar, de "não encontrar" nada do "seu tamanho" – e, dependendo da pessoa, pode-se imaginar as consequências que essa sensação de ser diferente, estar fora, tem para a autoestima.

Nada mais peculiar a um indivíduo que sua vestimenta. E por que não dizer: nada mais particular e, ao mesmo tempo, coletivo do que uma roupa. A moda, enquanto espaço de imagem da fugacidade e da sedução, está por todo lugar e se traduz pelas imagens estampadas nas telas digitais. Não se refere somente à vestimenta, mas à ampla oferta de roupas, estilos e imagens que situam os indivíduos em sua contemporaneidade, em suas vivências e relações cotidianas.

A proliferação de imagens sedutoras para o consumo, de acordo com Lipovetsky, desencadeia uma emoção não transgressora, forma de imitação coletiva que não incomoda. Contudo, se o figurino usado por uma personagem de série de TV ou de cinema, podia ser, digamos, considerado "transgressivo" para uma época (calças jeans, camisas abertas, jaqueta de couro e outros modelos nada comportados – acrescidos de atitudes nada convencionais), outros se adequam bem ao estilo novidade. Assim, cada uma e cada um de nós se torna legível e compreensível para a maioria. Sozinha, uma roupa nada pode fazer para garantir personalidade. A roupa em si não afirma identidade. É necessário um conjunto de outras atitudes e comportamentos para isso. No processo de formação da identidade, sujeitos, práticas e discursos andam juntos. E, de certa forma, os personagens da mídia são "discursos-vivos" que se utilizam de uma retórica concentrada na *performance* corporal, atrelada a outras práticas selecionadas para as diversas situações vivenciadas no cotidiano que se desdobra na ficção.

Vestir o corpo: *performance*

A configuração estética das lojas de roupas pode ser levada em conta.

A loja, com seus públicos-alvo claramente definidos, provoca um efeito de "distinção", palavra também de Pierre Bourdieu. O corpo a ser visto é parte de uma hierarquia; no caso, de classes e grupos sociais: está bem inserido nesse espaço quem consegue, olhando para as roupas, "saber o que usar" e, talvez mais ainda, "saber o que não usar". Em uma loja de grife, exclusiva, o preço da distinção se manifesta, ao mesmo tempo, no valor das roupas e em sua disponibilidade.

Há uma pessoa interessada em lidar com a beleza do corpo a ser visto, a ser vestido, para caracterizá-lo da melhor maneira possível dentro do que a loja oferece. A relação de compra e venda não é mostrada como tal. Ao contrário, referências ao dinheiro são deixadas para o último momento: durante o processo de experimentar roupas pode sair de cena a questão financeira. Não é elegante falar de dinheiro: perguntar preços sugere uma preocupação em não conseguir pagar, ausente nos espaços voltados para o alto padrão – e entra o elemento pessoal e subjetivo, a aparência, o cuidado de si, a imagem de si.

Encontrar a roupa certa, tamanho, cor, modelo e estilo certo, nesse momento, significa a interação com outra pessoa, responsável pela mediação entre a roupa e o cliente. Há um contraste entre a formação de um vínculo impessoal que, no entanto, lida ininterruptamente com o pessoal.

> Eu não sou meu corpo, embora o possua e o domine. Também posso dizer: sou em meu corpo.
> EDITH STEIN.
> La estructura de la persona humana, p. 100.

Em alguns casos, o acúmulo sobre o balcão de peça após peça que "não ficou boa" revela a dificuldade de adaptar o corpo à moda, em uma tensão biopolítica na qual cada peça é também uma maneira de lembrar ao consumidor qual é o corpo desejável – e qual poderia/deveria ser o seu.

Nesse momento há uma quebra de pertencimento, relembrada a cada nova peça em seu paciente aguardo do lado de fora de provadores. As vozes se multiplicam, seja no sentido de uma explicação – "é a coleção", "esta é mais justa", "quer tentar uma maior/menor?" – até as estratégias de negação. O corpo, indócil, recusa-se ao sistema da moda, ao mesmo tempo em que dele precisa.

Essa situação pode ser vista nos rótulos dados às roupas e, de certa maneira, transbordam para os corpos. "*Skinny*", "*plus size*", "*curve*", "*baggy*", "*fit*" e outras expressões, geralmente utilizadas em inglês, definem o espaço simbólico ocupado pelo corpo em sua relação com a moda.

A reação de cada pessoa a esses procedimentos varia, mas é possível identificar indícios de dificuldades de "encontrar roupa" para qualquer pessoa ligeiramente fora das classificações da moda, na expectativa de autovalorização de quem compra.

Ver para cuidar: a dimensão de controle

Outro ponto a mencionar quando se fala de corpo é a insistência contemporânea em sua alteração, seja para transformá-lo em algo mais belo, seja para preservá-lo de um envelhecimento que insiste em aparecer como parte da natureza. Em outras palavras, livros, vídeos, sites e postagens que ensinam a preservar-se de si mesmo.

Parece existir um certo esforço para mostrar que a satisfação do corpo a ser visto é consequência do corpo a ser cuidado. Essa dimensão do cuidado de si pela via da dieta é acompanhada, em alguns casos, de uma postura racionalizada. É um corpo controlado, no qual a ingestão de alimentos é uma atividade científica – ou melhor, em alguns casos, cientificizada –, nem sempre acompanhada pelo prazer envolvido no ato de comer.

A refeição, dessa maneira, torna-se disciplinada: biopoder, para usar uma palavra do filósofo Michel Foucault.

O "regime da moda", nesse caso, é a respeito do que "pode" ou "não pode", em termos do que "faz bem" ou "não faz bem" para a saúde: nesse ponto, que o alimento que "faz bem" também, de maneira colateral, "deixa bonito". O discurso da beleza está ligado a uma constante valorização da autoestima.

Nessa confluência da literatura de autoestima com justificativas apresentadas como científicas, esse discurso se espalha em várias direções – algumas sem preocupações com questões de saúde, mas apenas pela presença da celebridade, a "pessoa bem cuidada" ou o "barriga de tanquinho": o corpo de alta *performance* é um bem a ser conquistado.

Você pode ver isso, por exemplo, no medo – a palavra é forte, mas talvez esteja correta – do envelhecimento na sociedade ocidental contemporânea. Um sintoma são os inúmeros tratamentos para rejuvenescer o corpo, evitar as marcas da idade, prevenir os efeitos do tempo. O medo de revelar a idade, a ideia de ser chamado de "senhor" ou "senhora" muitas vezes é repelida como se a pessoa estivesse sendo ofendida. Há um raciocínio complicado por trás dessa afirmação: a ideia de que "velho" é ofensa.

Isso diz alguma coisa sobre nossa sociedade: a busca pela alta *performance* às vezes sobrevaloriza o novo e o imediato, deixando de lado as contribuições da experiência e das vivências de quem já tem algo a nos contar.

(Não estamos, evidentemente, falando dos cuidados necessários à saúde, mas à busca estética por evitar um processo natural, ao menos por enquanto: tudo o que existe na natureza, e o corpo humano é parte disso, tem seus ciclos. E pode haver beleza em todos eles: as marcas do tempo são condecorações pela sobrevivência à situação em que ela apareceu.)

O discurso do corpo a ser cuidado, neste aspecto, assemelha-se à expectativa de autorrealização dentro de um regime de capital: o sucesso é medido também pelo corpo, que, rejeitando categoricamente a opulência que poderia ter sido esperada em determinado momento histórico, adequa-se ao modelo do corpo a ser visto como indício de vitória. A vitória diante de si mesmo ecoa a vitória nos negócios, no empreendimento, na vida pessoal e em quantas outras instâncias mais possam ser pensadas e criadas.

Há quem consiga, parece dizer essa lógica, e se um ou uma conseguiu, outros também conseguem – o que parece implicar também que, se você não consegue, a responsabilidade pelo fracasso é *sua*. Essas ideias se disseminam com a mesma velocidade que desaparece – nesse meio tempo, no entanto, deixa suas marcas.

Isso pode ser visto em textos a respeito das vantagens ou desvantagens do consumo de um determinado alimento, associado geralmente às noções privilegiadas da época: "emagreça", tal alimento "emagrece", este exercício ajuda a "perder peso", "como secar 10kg em dois meses", este chá ou alimento é "detox", aquele suco "emagrece" e um repertório de práticas relacionadas à construção de um corpo saudável – e, consequentemente, bonito.

Essa insistência no corpo de alta *performance* deixa de lado as possibilidades e condições específicas de sua realização: não se contempla o "não poder" na medida em que, dentro dessa lógica, a ausência de cuidado com o corpo não se resumiria ao desinteresse pela aparência, mas pela saúde, e isso se apresenta como uma contradição com a alta *performance*.

O corpo como resistência

Mas é sempre possível resistir às imagens e aos discursos.

O corpo é nossa primeira e mais intensa fronteira com o mundo. Ele é nossa presença constante, a visibilidade que não podemos nem conseguimos esconder. Aparecemos diante dos outros com o corpo que temos, o nosso, o único, e todas as nossas interações sociais começam por ele. Uma parte da preocupação com o corpo está ligada ao fato de que é nossa parte mais visível, a que primeiro chama atenção.

E, por isso mesmo, pode ser facilmente a primeira classificação que alguém faz da outra pessoa. Ao ver alguém, vemos seu corpo e a montagem das roupas feitas a partir dele – seus gestos e sua postura são indicadores importantes; aliás, para as impressões iniciais que se têm a respeito de uma pessoa.

Em geral, por um curioso efeito de identidade, ver alguém igual a você em um espaço de reconhecimento mostra algo simples, mas importante: você não está sozinho, você não é a única pessoa diferente, você não é estranho. Às vezes apenas está andando com as pessoas perto das quais você *parece* diferente – e, em certos casos, elas fazem questão de lembrar isso para garantirem sua força.

No entanto, e se mudarmos a chave e trocarmos a noção de "belo" por outra? Imagens diferentes, mostrando corpos diferentes, criam outros sensos de comunidade – não melhores ou piores do que as outras, mas responsáveis por incluir outras pessoas.

Certamente existe um aspecto econômico aí também. Mas não é o único: como quase tudo o que é humano, a questão tem várias dimensões. A fotografia de uma pessoa distante do que é entendido como padrão, ou produzida em espaços distantes do centro, mostram a potência da estética em outra perspectiva, a de resistência e inclusão pela visibilidade.

Essas imagens mostram uma outra razão de hospitalidade, um acolhimento à diferença, mostrando que sim, está tudo certo com você. Embora esse movimento ainda esteja em construção, pode ser visto, por exemplo, na presença de corpos diferentes do padrão em desfiles, fotografias publicitárias e, de certa maneira, deixando de ser notados como diferentes.

A exposição do corpo está em um permanente conflito com a questão econômica. Esta, aliás, é uma pergunta de vários estudos sobre identidade: Quando um determinado grupo passa a ser representado na mídia, especialmente na publicidade, o que está mesmo acontecendo? Esse grupo conquistou seu espaço ou foi apropriado pela lógica da imagem e do capital? Essa pergunta não tem uma resposta direta, e provavelmente há uma *tensão* entre os dois aspectos.

De um lado, no sentido econômico mais estrito, a imagem do corpo é um espaço de produção e consumo de conteúdo. Imagens do corpo vendem, custam dinheiro, geram dinheiro. Nesse sentido, você pode ver apenas a apropriação de um determinado tipo de corpo, não do discurso que o acompanha, como uma espécie de hipermercadoria adaptada para o consumo imediato e geração de lucros ou curtidas nas redes digitais.

Por outro lado, esse tipo de apropriação não elimina o fato de que esses corpos, ainda que por essa via, se tornam visíveis, embora estivessem invisibilizados até o minuto anterior. Eles desafiam um tipo de padrão. O fato de ocuparem também um espaço na lógica de mercado mostram que sua relevância foi percebida e reconhecida.

A potência de resistência da imagem não se deriva, nesse ponto, apenas de suas questões estéticas – embora certamente isso faça toda a diferença. Um aspecto importante tem a ver com a identificação da pessoa com um tipo de corpo ao se ver representada em uma propaganda, um filme ou série de TV. Principalmente grupos que, até recentemente, não encontravam figuras com as quais poderiam se identificar.

Encontrar alguém parecido nas redes sociais ou em uma propaganda, retratado de maneira positiva, pode ter potenciais resultados na recuperação da "identidade danificada", aquela ideia de Erving Goffman que vimos no capítulo sobre **vulnerabilidade**, ou mesmo no reestabelecimento de situações de sofrimento social.

Não se trata de uma perspectiva ingênua ou de solução fácil: a exposição de corpos, nesse sentido, não escapa do sentido econômico mais estrito, como produção de conteúdo de consumo para empresas.

Por outro lado, isso não muda o fato de que esse é um caminho para esses modelos de corpo, invisíveis até o minuto anterior, passarem a ser vistos. Essas imagens são um desafio a um tipo de padrão, e o fato de ocuparem também um espaço na lógica de mercado mostram que sua relevância foi percebida e reconhecida enquanto fator de importância – e isso faz toda a diferença.

Então, esse corpo para ser visto mostra uma outra dimensão do corpo para ser cuidado: o cuidar está na possibilidade de ser, e ser representado da maneira que se preferir.

> **Leituras do corpo**
>
> BUTLER, J. *Problemas de gênero*. Rio de Janeiro: Civilização Brasileira, 2016.
>
> CAMPOS, V.P.P. *Beleza é coisa de mulher?* Recife: Ed. UFPE, 2011.
>
> LIPOVETSKY, G. *O império do efêmero*. São Paulo: Companhia das Letras, 1996.
>
> MORENO, R. *A beleza impossível*. São Paulo: Ágora, 2008.
>
> NOVAES, J.V. *Com que corpo eu vou?* Rio de Janeiro: Palas, 2010.

5

Encontrar o outro na empatia

ESTE CAPÍTULO COMEÇA COM UMA HISTÓRIA QUE ACONTECEU durante uma viagem de trem municipal. Dessas triviais. Era início da manhã, muita gente com sono, cada um olhando para um lado sem ver nada, gente ouvindo música, quase todo mundo olhando para seus *smartphones*.

Uma passageira começou a mandar mensagens de voz via aplicativo. Não dá para saber se foi o tom de voz ou o jeito como ela falava, mas começou a chamar a atenção depois de um tempo.

A mensagem, que ela mandou uma seis ou sete vezes para pessoas diferentes, era esta:

"Oi tia, aqui é a Mari, tudo bem? Então, estou voltando do médico, não preciso fazer mais químio! Ouviu? Não preciso mais fazer químio!"

Quase sem querer, os passageiros, aos poucos, esboçavam sorrisos.

Entre duas estações, em uma pausa mais demorada. Ela tomou fôlego, sorriu para si mesma e enviou uma última mensagem:

"Filha? Aqui é a mamãe. Estou voltando do médico... Eu não preciso mais de químio! Ouviu, minha filha? A mamãe não precisa mais de quimioterapia! Filha, a mamãe está boa".

Nesse momento os passageiros estavam trocando sorrisos abertos, alguns estavam chorando, enquanto ela terminava de contar para a filha que estava curada.

O trem chegou na estação, os passageiros se dispersaram, levando com eles a situação. No entanto, ainda que por um instante, os passageiros compartilharam uma experiência singular. Um intervalo de empatia.

A raiz da palavra: sentir a paixão

No sentido comum, "empatia" costuma ser entendida como "colocar-se no lugar de outra pessoa". A palavra parece ser sempre revestida de um tom positivo, uma maneira a possibilidade de entender o que outra pessoa está sentindo ou passando. Esse conceito não está errado, mas podemos ir mais longe. E, para isso, vale começar com algumas perguntas.

Diante do outro, como me colocar no lugar dele? Como chegar até o outro lado, o lado da outra pessoa, e encontrar o eu que lá habita? De que maneira tecer um espaço comum com a alteridade? Como sentir a experiência do outro sem ser o outro, ou, ainda, sem fingir ser o outro? E essa outra pessoa, de quem tento me aproximar, como me ofererecerá sua hospitalidade? Como construir uma relação de empatia se ela não quiser?

Na raiz grega, a palavra "empatia" termina com *"pathos"*, que pode ser traduzida, inicialmente, como "paixão" ou "emoção". Mas também é uma espécie de resposta emocional ou afetiva a alguma coisa externa. Em geral, essa reação costuma ter reflexos no corpo e na mente: diante de algumas situações – digamos, quando esperamos uma pessoa querida chegar de viagem – ficamos fisicamente agitados, nossa respiração muda, movimentamos nossas mãos. Estamos, nesse momento, no domínio do *pathos*, da emoção, da paixão.

Não por acaso, está ligada às ideias de percepção, do sentimento e das sensações, elementos necessários para a *empatia*. Mas a ideia de *pathos* não tem um sentido necessariamente positivo: algo pode despertar emoções negativas em você, e, no entanto, continua sendo o *pathos* em ação.

Embora *pathos* venha da Grécia antiga, a noção de *empatia* só aparece no final do século XIX, na então recém-criada Psicologia. O objetivo era tentar entender como as pessoas agem em relação às outras no campo das emoções.

O domínio da emoção e da paixão, esfera do *pathos*, significa um afeto intenso, um deslocamento de nós mesmos. A empatia se apoia na noção de que algo de profundo pode ser despertado por outras pessoas. Evento alheio à esfera do esperado, o *pathos* é uma descontinuidade no curso dos acontecimentos.

Simpatia e empatia: sentir o igual e o diferente

Pathos também está na palavra *simpatia*, mas "empatia" e "simpatia" são sentimentos diferentes.

O começo da palavra "simpatia", *"syn"*, vem do grego antigo e significa "vir junto", como em *sin*fonia (sons tocados juntos) ou *sin*tonia (estar no mesmo tom). "Simpatia" é dividir a mesma emoção, aquilo que você sente espontaneamente quando está no mesmo tom de outra pessoa: a proximidade de sentimentos é um fator responsável por gerar a simpatia. Vocês podem ter se conhecido há cinco minutos, mas sentem algo parecido, como se fossem amigos há anos.

Na empatia, o esforço é diferente. Não é, como na simpatia, ficar próximo de quem está sentindo o mesmo, mas entender quem está em *outra* sintonia. E requer esforço para entender seu sentimento – principalmente quando a outra pessoa, seus sentimentos e ações, suas ideias e sua ética, não têm nada em comum comigo. A empatia, nesse sentido, é um exercício complicado, diferente da suavidade da simpatia.

Empatia não é o que se costuma chamar de "compaixão", da "pena" ou da "piedade", necessariamente ao encontro de uma dor, uma dificuldade ou sofrimento. O gesto de empatia aponta outra direção: compreender o diferente, mesmo que a diferença, em alguns casos, seja enorme – um exemplo duro: conseguimos empatizar mais facilmente com a vítima, mas raramente lembramos que a empatia também pode existir em relação ao vilão da história. Há um certo desconforto quando isso acontece; mantendo os exemplos, quando conhecemos a história de Severo Snape ou Darth Vader, fica uma sensação meio estranha de dúvida: eles são os vilões, mas ao mesmo tempo não representam um mal absoluto.

Não parece haver qualquer "suavidade", "generosidade" obrigatoriamente ligada à empatia. Ao contrário, ela pode se mostrar bastante "dura" quando o exercício de empatizar é dirigido a alguém com quem não se compartilha nenhum valor moral ou afeto imediato. Empatia não exige que você tenha, previamente, os mesmos sentimentos da outra pessoa – e nem que mude depois disso. Ela prevê um "sentir com" o outro em um grau e duração limitada para *compreender*; isto é, entender o significado de suas ações.

Diante de uma situação na qual estou feliz ou alegre, digamos, como a *outra* pessoa está se sentindo? Essa pessoa, por mais diferente que seja, tem pontos em comum comigo. Podemos ver isso pela via da empatia, lembrando do *humano* que habita nela.

A maior dificuldade da empatia é tentar entender quem *não é* como você. Sentir como o fazem as pessoas próximas é fácil, mas o que acontece quando o sentimento da outra pessoa é diferente, talvez o oposto, do que você está sentindo? Respeitar o outro quando ele é igual pode ser simples, mas a sensação de viver a experiência do outro, uma experiência que você não teve, não conhece, é bem mais complicada.

Esse é o paradoxo no coração da empatia: como se colocar no lugar do outro se você não é, nem pode ser, outro?

Na realidade, empatia não significa "se colocar no lugar do outro", mas, talvez, um "estar junto" com o outro. Estou *ao lado*, mas não "no lugar" de alguém que não sou eu.

A empatia traz em si a ideia de estar junto, de viver com o outro, entender e vivenciar, nos meus limites, suas sensações. É me deslocar daquilo que sou na tentativa de entender qual afeto está mexendo com a pessoa naquele momento. Requer um esforço a mais para construir uma ponte no sentido do outro, para viver a emoção *junto com* o outro.

Ao ler uma história ou ver um filme, quando a personagem vive uma situação, a empatia é aquela sensação de estar junto. É mais do que uma identificação, é mais próximo, mais intenso. Parece que é você lá. E, de certa maneira, em sua mente, é.

Sofremos com Frodo para derreter *O anel*, aprendemos feitiços com Hermione. A empatia é esse envolvimento que você sente lendo *O senhor dos anéis* ou *Harry Potter*. Para o fã, não é só uma história. É uma vivência de empatia: você certamente nunca derreteu anéis em Mordor, mas consegue sentir a hesitação e os descaminhos da personagem.

"Eu", "vida", "alegria", quem poderia compreender o que significam estas palavras sem tê-las experimentado por si mesmo? Mas, ao experimentá-las, não se conhece somente *seu* eu, *sua* vida, sua alegria, mas se compreende também o que são o eu, a vida e a alegria em geral. E somente porque o compreende pode conhecer-se e compreender *seu* eu, *sua* vida, *sua* alegria enquanto *eu, vida* e *alegria*.

EDITH STEIN. *Ser finito e ser eterno*, p. 83.

E isso, claro, acontece mais ainda na vida real. Quando, por exemplo, uma pessoa muito querida – um filho, digamos – tem uma vivência, a nossa não é a mesma, mas sentimos juntos nesse momento de comunicação empática.

A descoberta da empatia

Em sua origem, a noção de empatia não tinha muito a ver com "estar no lugar do outro". Na verdade, era um recurso da medicina para o estudo da mente humana.

Na segunda metade do século XIX, a então recém-criada psicologia se deparou com um problema prático: "Como entender o que está na cabeça de outra pessoa?" A resposta seria: "Pergunte para ela". Mas nem todas as situações e sintomas podem ser traduzidas em palavras. Dependendo do caso, a pessoa não tinha condições de falar. Mesmo quando isso acontecia, qual a segurança das evidências? Finalmente, como entender isso tudo sem ter experimentado as mesmas situações?

Em *Psicologia de um ponto de vista empírico*, publicado em 1874, Franz Brentano questionou como era possível conhecer o que se passava com outra pessoa para além dessas limitações. Ele arriscou uma resposta: compartilhar vivências a partir da construção de algo em comum entre os sujeitos. A ligação entre as pessoas é construída no momento da expressão, do sentido e da atribuição de significado ao que se sente. Um ponto central da empatia é a possibilidade de exprimir nossas emoções e despertar sentimentos próximos em outra pessoa.

Curiosamente, Brentano não foi muito mais longe em suas investigações. Mas um de seus jovens alunos, o filósofo Edmund Husserl, levou a tarefa adiante.

"I've got you under my skin"

Em dois de seus livros, as *Meditações cartesianas* e as *Conferências de Paris*, Husserl desenvolve a noção empatia como uma condição para a relação com outras pessoas. A empatia está ligada a uma ideia de movimento, o ato de ir ao encontro da alteridade. Para chegar até alguém é necessário fazer um deslocamento de si mesmo em direção à pessoa tentando ver no outro algo de si, estar por dentro de suas emoções e paixões.

"Por dentro", aqui, não é gíria: a palavra alemã *Einfühlung*, usada por Husserl, pode ser traduzida tanto como "empatia" quanto pelo neologismo "intropatia", recuperando a noção, no "intro", de "por dentro".

O contrário de empatia não é a *antipatia*, um "anti-*pathos*", mas a *apatia*, a indiferença diante da outra pessoa, o "a-*pathos*". A outra pessoa não me atinge, não me afeta, de maneira alguma. Sua presença é uma folha em branco, sem registro da relação, onde não há afeto.

Você experimenta isso, no cotidiano, quando está fisicamente ao lado de outras pessoas, por exemplo, no ônibus, mas elas não significam nada, como se não existissem. Uma das marcas da Modernidade é a apatia em relação às pessoas ao nosso lado. Vemos, mas não sentimos, reforçando a sensação de solidão contemporânea: juntos, completamente separados.

A empatia, portanto, não é apenas "estar no lugar do outro", uma "emoção" ou "paixão", mas um estado de proximidade emocional entre as pessoas, que pode modificar, por tempo limitado, percepções, sensações e sentimentos mútuos.

Mas a principal contribuição à noção foi da filósofa Edith Stein, em seu doutorado orientado por Husserl, intitulada *Sobre o problema da empatia*.

Aprender a empatia e reconhecer vulnerabilidades

Edith Stein entende a empatia como uma atitude, uma ação – ela chega a transformar o substantivo no verbo "empatizar". É o fundamento da relação com outras pessoas. Para saber o que o outro está sentindo é necessário em primeiro lugar que eu tenha meu próprio conhecimento da experiência do outro. Mas não é simples e automático como poderia parecer.

Quando vejo uma pessoa feliz, não estou sentindo a felicidade *dela*. Seria impossível, quase uma farsa, fingir que sinto *exatamente* a mesma coisa. É a experiência *dela*. No entanto, minha percepção do que ela está sentindo pode despertar algo semelhante em mim, ativar a *minha* experiência mais próxima da dela. Por isso, naquele momento, embora não esteja sentindo a felicidade *dela*, sei o que é felicidade e posso ter uma sensação próxima – o *sentir junto* que caracteriza a empatia.

Dito de outra maneira, quando vejo uma pessoa alegre, triste, eufórica, não é possível fingir que sou *eu* quem está sentindo, porque cada vivência pessoal é absolutamente única. No entanto, já fiquei alegre, triste ou eufórico, e é possível tentar, a partir da minha experiência, entender e ficar próximo do que a outra pessoa está sentindo.

Existem condições bem definidas para haver empatia. Colocar-me no lugar do outro não é fingir que sou o outro ou, mais complicado ainda, tentar me passar por ele, mas uma tentativa de *estar junto*.

Se não houvesse entre os seres humanos identidade de sentimentos, comuns a todos, embora com diferenças individuais, não seria fácil a ninguém explicar aos outros o que se passa consigo mesmo. PLATÃO. *Górgias*, p. 179.	A construção da empatia, recordam várias autoras e autores, começa na infância, quando você aprende a reconhecer, nos outros, sensações parecidas com as suas ("Ele está alegre", "Papai está feliz", "Ela está com dor"). Você nota que, para além do indivíduo, existem sensações e sentimentos comuns – laços emocionais de comunidade, vínculos das paixões com grupos e com a sociedade.

Empatia não é apagar as diferenças, mas reconhecer sua existência e incluí-las na relação com as outras pessoas. Isso se reflete no verbo "empatizar", usado por Edith Stein, indicando a aproximação entre um eu e um outro. É a construção de um espaço onde experiências possam ser compartilhadas, mesmo em suas diferenças.

A empatia não é tanto se colocar no lugar do outro, mas um desejo de aprender o outro.

O corpo e a empatia

Uma das fontes da empatia é nosso corpo. Com ele, a partir dele, podemos sentir a alteridade. O corpo é a fonte de impressões a serem interpretadas, fundamento da experiência empática. Vejo as sensações no rosto do outro; percebo sua alegria, sua tristeza, sua preocupação. Seu corpo, em posições e gestos, indica os sentimentos da pessoa naquele momento. Já senti, de uma maneira ou de outra, aquelas sensações, e meu corpo se recorda delas – já sorri, esfreguei as mãos em expectativa, fiquei sem expressão diante de algo, reergui o rosto em um gesto de esperança ou desafio.

A partir dessa observação reconheço os mesmos fenômenos em outra pessoa.

Conhecer a própria sensação não significa acesso imediato ao outro, mas indica um caminho. Sentimos a ressonância da experiência alheia apesar de nossas próprias limitações. A empatia permite a criação de um laço entre as duas pessoas, formando um "nós".

Empatia e respeito

Empatia está ligada a três outras palavras que também compartilham uma raiz comum: respeito, resposta e responsabilidade. Quando respeito o outro, tenho uma responsabilidade por ele. E disso depende a resposta que vou dar a ele. O filósofo lituano Emmanuel Lévinas lembra nossa responsabilidade infinita para com o outro justamente porque o *reconheço* como outro ser humano.

Edith Stein vai mais longe: a empatia nasce de um respeito por qualquer ser capaz das mesmas sensações e emoções que eu. Isso pode incluir plantas e animais. É curioso observar que "respeito" e "responsabilidade" também estão na palavra "resposta": a resposta que dou ao outro depende da construção mútua de respeito que começa na gentileza. Essa prática pode começar na infância, quando aprendemos a ver o direito do outro como reflexo dos nossos.

Posso ter uma ideia dos sentimentos, emoções e afetos que ela está mobilizando naquele momento – e isso permite uma aproximação, mesmo em situações nas quais existe oposição. A empatia ajuda a lembrar que adversários não são inimigos, e que pontos de vista diferentes podem, dentro de uma esfera da **justiça**, ser trabalhados no sentido de algum entendimento.

Respeito, resposta e responsabilidade também compartilham, no meio da palavra, a raiz *"spes"*, que pode ser colocada próxima, a partir do latim, do conceito de "esperança". Se você quiser, pode ver algo poético nisso: a empatia está ligada à esperança de poder construir uma relação com o outro.

As condições e os limites da empatia

A empatia não parece ser automática nem espontânea, e só é possível em algumas condições. Em uma civilização rápida, egoísta, imediatista, parece ser necessário reaprender o espaço da empatia para lembrar de nossa humanidade na relação com o outro. A vida moderna, e tanto a filosofia quanto as artes nos mostram isso desde o século XIX, tem algo de desumanizador em sua rotina imóvel e rápida.

Uma das condições da empatia é reconhecer que nossa realidade não é *a* realidade; é uma entre outras. Outras pessoas têm vivências diferentes da sua. Têm outra visão, viveram outras histórias. Nossa percepção da realidade é uma entre outras. Por exemplo, nossa dificuldade de reconhecer os privilégios das posições que ocupamos, imaginando que tudo é natural ou simplesmente é desta ou daquela maneira.

Saber que existem outras realidades leva-me a perguntar com que olhos a outra pessoa está vendo sua própria condição. E como ela me vê? Isso acontece desde as relações interpessoais até a questão das diferenças entre classes, gêneros ou faixa etária, por exemplo. A empatia está em constante tensão com o poder. O poder, em suas formas de exercício, quebra o vínculo de empatia. Nas relações de poder, sobretudo nas mais autoritárias, quase não há possibilidade de empatia; transformada, no máximo, em respeito baseado no medo. Quando o respeito não é baseado na responsabilidade, mas no medo, o vínculo de empatia não é criado.

E nem sempre a empatia acontece. Nem todas as alegrias ou dores são iguais. Sua intensidade pode ser muito diferente. Será que a felicidade que você experimentou, digamos, ao ganhar uma bicicleta, permite entender a felicidade de ganhar um Prêmio Nobel? As duas são "felicidades", certo, mas dificilmente estamos falando da mesma coisa. Como "sentir" o mesmo que outra pessoa sem que isso resulte, na melhor das hipóteses, em um exercício de imaginação? Ou, pior, tentando simular, ou mesmo me apropriar, do que outra pessoa sente e sabe?

Empatia não é automática, imediata, e menos ainda forçada. O estado do corpo do outro, lembra Susan Sontag em seu livro *Diante da dor dos outros*, pode muito bem resultar em indiferença minha. No caso máximo, pode haver uma recusa ou impossibilidade da empatia, quando essa indiferença, em grau máximo, torna-se o que Hannah Arendt chamou de "banalidade do mal" em seu livro *Eichmann em Jerusalém*.

Além disso, a empatia não deixa de lado os estranhamentos – empatia não é sinônimo de "harmonia"; ao contrário, pode haver

> Quando olho nos olhos de uma pessoa, seu olhar me responde. Deixa-me penetrar por dentro ou me rejeita. É o senhor de sua alma, pode abrir e fechar suas portas. Pode sair de si mesmo e entrar nas coisas. Quando as pessoas se olham, estão frente à frente um eu e outro eu. Pode ser um encontro no limiar ou no interior da pessoa. Se é um encontro interior, o outro é um tu. O olhar do humano fala.
>
> EDITH STEIN. *La estructura de la persona humana*, p. 94.

tensões constantes com as relações de poder e assimetrias histórico-sociais existentes na interação entre sujeitos.

A expressão "Eu sei como você está se sentindo" raramente poderia ser aplicada em sentido literal. A frase revela algo que Edith Stein também adverte, utilizando outras expressões: a ilusão do conhecimento pleno da alteridade. Há ressonâncias e aproximações entre sua experiência e a nossa, a partir das quais é possível criar laços e tecer cenários de entendimento.

Empatia requer tempo e atenção. Não por acaso, outra filósofa do século XX, Simone Weil, em seu livro *Espera de Deus*, destaca a importância da atenção como fundamento da relação com a alteridade: atenção para receber o olhar que interpela, a voz que se dirige, a expressão que convoca. É necessário uma atenção, ou uma contemplação, para a esfera do outro, estabelecendo um terreno comum na diferença, tornando possível a comunicação.

> **Outras leituras**
>
> MANGANARO, P. *Fenomenologia da relação*. Curitiba: Juruá, 2016.
>
> SONTAG, S. *Diante da dor dos outros*. São Paulo: Companhia das Letras, 2005.
>
> STEIN, E. *Ser finito e ser eterno*. Rio de Janeiro: Forense, 2018.
>
> _____. *Sobre el concepto de empatía*. Madri: Trotta, 2014.

6

A escuta, a voz e o silêncio
Comunicar para entender

POUCAS COISAS EVOCAM TANTO A AFETIVIDADE QUANTO A VOZ HUMANA. "Evocar": no meio dessa palavra está *vocalis*, do latim "voz". Evocar, trazer a voz, as ressonâncias e reminiscências da voz. A voz precede a palavra: conhecemos a voz das outras pessoas antes de suas primeiras palavras se completarem em nossos ouvidos. Somos embalados, quando nenês, pela voz de quem cuida de nós – a canção de ninar é um primeiro contato com a cultura mediado pela sonoridade. E uma das primeiras marcas de identidade: ao nascer, é expressão de vida, registro do primeiro momento, evocador do afeto da experiência. A voz do som tornado humano, articulado.

Nela percebemos nuanças, sutilezas de tom, pequenas variações e o colorido de expressões humanas em uma pletora de modulações. Nas relações sociais, identificamos o estado emocional de alguém no contato inicial da voz – somos culturalmente aptos a reconhecer os sentidos ligados a isso.

Você pode não entender uma palavra de uma outra língua, mas consegue perceber com clareza os sentimentos e emoções expressos quando alguém falar com você. E compartilhamos essa característica com alguns animais, principalmente os mais acostumados ao convívio humano – ao que tudo indica, gatos e cachorros não entendem palavras exatas, mas compreendem tons de voz e respondem a partir do sentido afetivo do tom.

Já imaginou como seria se tivéssemos oportunidade de ouvir a voz de personagens históricos? Saberíamos muito mais o que aconteceu, de fato, em alguns momentos. Como era a voz da filósofa Diotima, professora de Sócrates, na Grécia antiga? E do próprio Sócrates? Com que voz Dom Pedro I gritou: "Independência ou morte"? Ou Júlio César falou: "A sorte está lançada" (partindo do princípio de que eles *realmente* disseram essas frases).

No século XX, com a gravação, pela primeira vez você pôde ouvir o som da história. E perceber que figuras históricas podem ter vozes bem comuns, diferentes do estilo épico que você pode esperar de uma situação solene. Nos filmes, discursos históricos são épicos. Na prática, nem sempre. A gravação do primeiro-ministro britânico Winston Churchill dizendo "We shall never surrender" ("nunca vamos nos render"), no auge dos ataques na Segunda Guerra, não tem qualquer emoção exagerada: é a voz de alguém cumprindo um dever, não fazendo um discurso que entraria para a história.

O historiador Paul Zumthor, em seu livro *A letra e a voz*, lembra que a voz humana é um espaço de *performance*. Ela tem uma teatralidade evidente, importante para o estabelecimento da relação entre as pessoas. Toda fala tem algo de teatral, de performático – ao falar, você procura, na medida do possível, combinar o *tom* da voz com a *letra* dita para construir o *sentido* de uma frase.

A ironia, o sarcasmo e algumas formas de humor são criadas a partir de um descompasso cuidadosamente planejado entre a voz e a letra. Uma mostra o inverso da outra, provocando o efeito desejado. Por exemplo, se você vai fazer um elogio irônico, a tendência é exagerar na altura e intensidade para mostrar que você *não* está falando sério.

O contrário também funciona: se você tentar ler um livro de filosofia com a entonação de um conto de fadas, no estilo "era uma vez...", vai criar um deslocamento de sentido entre o absurdo e o cômico.

Dentre as características da voz, o *timbre* é provavelmente o mais significativo para identificar uma pessoa. Em uma definição simples, timbre é a "cor" específica de um som: um violão e uma flauta podem tocar a mesma nota, mas percebemos a diferença, isso é o timbre de cada instrumento.

A voz de cada pessoa também tem seu colorido particular. Não apenas em termos de ser mais grave ou aguda, mas também mais estridente, aveludada, com expressão e encadeamentos lentos ou rápidos, acentua mais uma letra ou outra. Não por acaso, pela voz você conhece um pouco do estado emocional de cada pessoa. Seu modo de falar conta algo sobre ela. O jeito como você fala diz tanto sobre você quanto o *que* você fala.

Esse tipo de associação, ligada à cultura de cada povo, leva a *estereótipos vocais*. Em um filme, por exemplo, você não espera que o vilão tenha uma voz, digamos, "bonita" (embora esse julgamento de valor seja altamente subjetivo). Sua voz deve ser, bem, "voz de vilão" – muito grave, muito aguda, com algum tipo de distorção. A do herói, ao contrário, deve ser alta e clara, bem projetada, uma primeira mostra de seu caráter.

Voz e palavra estão quase sempre ligadas. A linguagem verbal depende, em boa medida, do suporte da voz. Depois vem a escrita, e com isso a voz se materializa no suporte do papel ou no digital. Essa materialidade foi e tem sido um passo fundamental para a sociedade. Ao *registrar* a voz, ultrapassamos uma de suas características fundamentais, o tempo.

A voz é efêmera. Existe apenas no tempo presente. Desaparece sem deixar vestígios imediatamente ao término de sua emissão. Pode, claro, reverberar eternamente na memória de quem ouviu, mas está irremediavelmente perdida. Requer o suporte de um **corpo**, exige uma articulação vocal e uma escuta.

O registro da voz foi um meio revolucionário para o estabelecimento das sociedades humanas a partir de leis escritas, de histórias e narrativas, maneiras de imprimir as marcas de seu imaginário e sua memória para além do momento presente.

No entanto, para a maior parte da humanidade, até recentemente, digamos, um século e meio atrás, a voz era o principal suporte de toda a cultura. As ideias, tradições e narrativas se mantinham vivas na voz de quem contava, e essa *oralidade* era a marca mais evidente das relações sociais. A conversação era o momento de reavivar a tradição, reforçar os laços e fazer disso o exercício da escuta atenta.

O acesso à escrita era restrito à casta de pessoas responsável por sua criação, conservação e interpretação. Desde o Egito antigo, isso se resumia em escribas, sacerdotes e administradores. Ao longo de boa parte da história das sociedades, até meados dos séculos XVII-XVIII, foram a únicas classes com acesso à leitura e escrita.

Nossa cultura preserva muito dessa tradição da voz. Você pode notar isso nas palavras derivadas de *vocalis*. Ao recordar de alguém ("recordar" está ligado a *"cordis"*, "coração": re-cordar é trazer de volta ao coração), você *evoca* a pessoa. Quem aparece quando alguém chama foi *invocado*. Você escolheu sua profissão de acordo com uma *vocação*, isto é, o "chamado" de uma carreira. Estimular alguém a usar a voz é uma *provocação*, e poderíamos seguir com esse jogo de expressões por um bom tempo.

Mas a voz serve para outra coisa: definir quem você é.

A voz e a narrativa de si

A subjetividade, isto é, nossa própria definição de quem somos, está sempre em movimento. Está em constante transformação, ganhando novos contornos a partir das experiências que você tem, incorporando vivências, lidando com as perdas. Acontecimentos deixam suas marcas, e tentamos encontrar o jeito de lidar com eles – e com o que fizeram com a gente. Isso, em linhas gerais, forma a subjetividade, traços de personalidade, comportamento e relações com os outros.

Uma das maneiras de entender o que se passa com você é dar voz a si mesmo.

Quem mantém ou já manteve algum diário pessoal sabe disso: escrever para si, dar voz a si mesmo, traz sentido à experiência. É colocar o que acontece conosco dentro de uma certa organização, perguntar, questionar, acrescentar impressões sobre os fatos, arriscar interpretações. Em outras palavras, colocar alguma ordem nos fragmentos do cotidiano que você experimenta todos os dias. Nesse momento, além de registrar, a escrita tem uma outra capacidade: ajuda a *interpretar* o que acontece. A própria voz costura o que se pensa, se sente, os entendimentos, emoções e paixões presentes na sua relação com o mundo e com outras pessoas.

Nos anos de 1970, o filósofo francês Michel Foucault chamou isso de "escrita de si" ou "relatos de si". Ele estudou o modo como colocamos nossa subjetividade em diários, cartas, depoimentos, confissões e outras formas de falarmos sobre nós mesmos. Podemos apenas especular, se Foucault estivesse vivo hoje, o que ele acharia das postagens em redes sociais, e como, a cada *selfie*, você fala um pouco sobre o que pensa de si mesmo.

Minha voz também mostra qual é meu lugar no mundo. Cada um e cada uma de nós vive em uma faixa relativamente estreita da realidade. Quando trocamos histórias, nosso conhecimento a respeito da realidade tende a aumentar. E usamos, gostando ou não, as categorias de nossa época para contar histórias, usar a voz e dizer quem somos.

Isso começa na linguagem: dificilmente alguém escrevendo atualmente usaria, a sério, expressões como "paspalho" ou "papanatas" para ofender outra pessoa (não vamos contar o que esses termos significam, mas não use em público).

> O que é importante agora é recuperar os sentidos. Nós devemos aprender a ver mais, escutar mais, sentir mais.
>
> SUSAN SONTAG.
> *Against interpretation and other essays*, p. 14.

Quando falamos de nós mesmos, falamos dessa faixa, das condições reais em que vivemos, de memórias, dos símbolos e do imaginário ao redor. E nos situamos dentro da realidade. Toda história traz em si as marcas de sua produção. Podemos ver isso olhando não só para o que *está* contado, mas, sobretudo, para o que *não está* dito.

Boa parte dos contos de fadas mais conhecidos, por exemplo, inclui algum tipo de floresta (*Os três porquinhos, Chapeuzinho Vermelho, João e Maria*), reis e rainhas (*A bela adormecida, Cinderela, Branca de Neve*) e problemas com comida. Quando foram criados, na Europa de séculos passados, parte do continente era coberto por densas florestas, a expectativa de vida era relativamente baixa e a nobreza era vista como uma chance de escapar de condições ruins. Se tivessem sido inventados hoje, falariam de prédios, redes sociais e *smartphones*.

> *Quem* alguém é ou era só podemos saber conhecendo a história de que a pessoa é o herói – sua biografia, em outras palavras; todo o resto que sabemos sobre a pessoa, incluindo o trabalho que pode ter produzido e deixado para trás, nos diz apenas o *que* ela é ou foi.
> HANNAH ARENDT. *The human condition*, p. 186.

O dito e o não dito, na fala, indicam regiões mostradas e ocultas dentro de um contexto. Ao falar, você cria as condições de visibilidade, mas também de invisibilidade, a respeito da realidade. Em termos mais diretos, o que não é narrado não existe.

A narrativa lida com sentidos velados e desvelados: "velar" significa, literalmente, "o véu". Neste caso, o véu da memória, tecido e desfeito ao contar uma história, resultado da interação entre as intenções de quem narra, as possibilidades de dizer alguma coisa e as expectativas de quem ouve.

Às vezes, a escuta do outro torna possível a própria voz. Inclusive pela via da literatura, de um filme ou uma série. Em seu trabalho intitulado *Ética da alteridade: cuidado e responsabilidade no encontro com outrem*, Amanda R. Santos explica sua decisão de trabalhar com o tema a partir da ficção: "Lancei mão da literatura por ser um pouco mais fácil falar sobre a vida e o viver. Olhar para outrem também é dar-lhe lugar e conforto".

O uso social da voz: o outro como significado

A gente não fala o que quer, quando e como quer. O uso da voz, isto é, poder falar, escrever, contar uma história, depende muito das condições existentes. Por isso, em geral, conhecemos muito mais as histórias de reis, príncipes e governantes do que de pessoas comuns. Em todas as épocas, contar a própria história, ter seu nome registrado, tem sido um bem reservado para poucos. (O panorama parece ter mudado um pouco no ambiente das mídias digitais, mas com um novo desafio: ser ouvido.)

Não estamos falando só da voz como som, mas também como metáfora e ponto principal da linguagem.

Narrativas são espaços de disputa a respeito de *quem pode* contar histórias, mas também de *como* a história vai ser contada.

Você só conhece a história da chegada de Pedro Álvares Cabral às terras do que seria o Brasil a partir da versão portuguesa. Em particular da carta de Pero Vaz de Caminha. Mas não houve outras histórias? O que os marinheiros achavam de tudo aquilo? E como o Frei Dom Henrique de Coimbra, que celebrou a primeira missa, entendeu a situação? E olhe que estamos falando só de *um lado* da história – não temos algo fundamental: o relato dos habitantes da terra sobre a chegada daquelas pessoas.

Aqui você pode ver a força da narrativa: até hoje você chama os habitantes originais das Américas de "índios", nome dado, por engano, pelos europeus, que imaginavam ter chegado à Índia. Hoje, mais de cinco séculos depois, "índio" ainda é usado para falar dos povos que viviam deste lado do Atlântico.

Há poucos registros de como eles mesmos se autodenominavam. Assim como, no caso da escravização de povos africanos, quase não há registros de seus nomes: em geral, recebiam nomes portugueses, em uma tentativa de apagar sua narrativa e identidade.

As relações entre significantes e significados são mediadas pelos poderes responsáveis por estabelecer essa significação. Traduzindo: um significante (a palavra "índio") ganhou um significado ("pessoa que mora neste continente no qual desembarcamos e imaginamos que é a Índia") a partir de uma relação de força: os portugueses determinaram o nome. Com isso, estabeleceram a ligação entre significante e significado, a *significação*.

Fazemos isso no cotidiano cada vez que ligamos nomes e pessoas: estamos criando uma relação de significação, e, onde há significado, há poder. Se você já ganhou um apelido do qual não gostava nem um pouco, já sentiu a relação de poder existente: alguém te *deu* esse nome, outras pessoas acharam engraçado, você passou a ser chamado por ele contra sua vontade. Não ter o próprio nome: última forma de violência a partir da voz.

O direito à voz

Gayatri Chakravorty Spivak, filósofa indiana radicada nos Estados Unidos, no texto *Pode o subalterno falar?*, de 1985, questiona o direito a falar de si mesmo como protagonista, e não como coadjuvante no discurso dos outros. Como aponta outro pesquisador, o britânico Nick Couldry em seu livro *Why voice matters* (Por que a voz importa), ainda sem tradução no Brasil, o direito à voz é um dos bens distribuídos em condições mais desiguais.

A possibilidade de falar de si mesmo é mal distribuída também na história de grupos sociais. É uma das maneiras de estabelecer e identificar fronteiras hierárquicas presentes na sociedade. O direito à voz não é dado, mas conquistado junto com a presença no espaço público.

Quando você conta sua história, fala também do mundo e das outras pessoas. Daí a diferença entre narrar e ser narrado: quem conta a própria história define sua própria versão. Contar sua história é uma condição essencial da vida pública, a começar pelas conversas do cotidiano. Por exemplo, durante séculos o que chamamos de "História" foi a história de homens falando de homens. Quando as mulheres eram citadas, era sempre do ponto de vista dos homens que escreviam a história. Apenas no século XX, na cultura ocidental, as mulheres começaram a contar sua própria história em larga escala – há exceções antes; mas, como o próprio nome diz, são exceções.

Daí a força do depoimento, do testemunho em primeira pessoa, da história oral. Posso ler um tratado sociológico sobre a inclusão de pessoas com deficiência na sociedade; e isso terá, sem dúvida, muita importância. Mas o impacto de ouvir alguém falar de sua própria experiência tende a ser consideravelmente maior.

A força da voz está no vínculo provocado pelo afeto. O elemento narrativo se torna um espaço de formação das interações cotidianas. Mas só se essas vozes conseguirem ser ouvidas.

Da dor subjetiva ao padecer coletivo

Viver com os outros também significa encontrar e lidar com a dor, a perda, a angústia, com sofrimentos muitas vezes que não podem ser ditos nem mostrados. O que fazer com a dor? Esquecê-la? Abafá-la, tentando escapar com subterfúgios ligados ao consumo e às tentações de consolo imediato de um capitalismo que oferece luminosas soluções instantâneas? Reencontrar o humano faz parte de aprender a lidar com a dor, ao menos de duas maneiras. No sentido talvez mais conhecido, como fonte de sabedoria. Mas também como memória que conecta o passado e o futuro de modo a não permitir que o sofrimento se repita de modo indefinido. Não há como fugir do sofrimento, mas ele não pode ser sinônimo de impossibilidade absoluta de autorrealização e da realização coletiva.

Trauma e traumatismo

A experiência do trauma causa uma interrupção brutal em nossa experiência do mundo e da vivência com os outros. Lança-nos para fora de nós mesmos e exige um esforço imenso para reorientar planos e possibilidades. Viver um trauma, levar uma grande rasteira ou ser golpeado em cheio nos destitui do pretenso poder que às vezes imaginamos ter sobre o roteiro que nos dá a impressão de controle sobre nossas vidas.

Choques traumáticos geralmente são difíceis, quase impossíveis de serem nomeados, narrados, partilhados.

Contudo, é preciso narrar o trauma: encontrar palavras e imagens para dizê-lo e fazê-lo dizer para os outros. Como argumenta Márcio Seligmann-Silva, a sobrevivência daqueles que são marcados por um trauma depende de sua capacidade de traduzi-lo em imagens ou palavras, por mais complicada que essa tarefa possa parecer. É quase um paradoxo entre a impossibilidade de representar a dor e a busca incessante pela forma possível de fazer isso. O que importa no testemunho é menos a precisão da narração dos fatos traumáticos e mais a revelação da dificuldade de compreendê-los, dar algum sentido a eles e, de alguma forma, evitar que aconteçam de novo.

> Um milhão de vítimas perdeu a vida e o nome. De que serve contar e recontar nossos mortos; das mil colinas de Ruanda, um milhão de sombras responde à minha chamada. [...] Os assassinos quiseram apagar até suas lembranças, mas no caderno escolar que nunca me deixa, registro seus nomes, e não tenho pelos meus e por todos aqueles que pereceram em Nyamata nada além deste túmulo de papel.
>
> SKOLASTIKE MUKASONGA. *Baratas*, 2018, p. 134 e 182.

Por isso, esmiuçar a complexidade do trauma, via testemunho, relato que carrega a cicatriz subjetiva de quem o recebeu, é uma atividade não só de um sujeito, mas de toda uma comunidade articulada. Dessa forma, o trauma que evolve o sofrimento violento se transforma, com o testemunho, em algo vivido coletivamente, criando solidariedades através da dor – e tornar a vítima protagonista de seus discursos.

A capacidade de narrar a própria dor é não só uma dimensão essencial da autonomia dos sujeitos, mas também uma potente capacidade de transformar vulnerabilidade em resistência, de reconhecer na fraqueza a chance de uma novas conexões e articulações com a vida e com os outros.

Ser uma sobrevivente, como nos mostra por exemplo Skolastique Mukasonga em seu livro *Baratas*, significa ser capaz de resgatar o que existiu de mais terrível em sua experiência, para apresentá-la ao mundo. Essa elaboração não é rápida, muito pelo contrário: requer muitas vezes anos de introspecção, silêncio, dúvidas e temores. É preciso encontrar as palavras que aceitem a dor sem se romper, sem torná-la insignificante demais ou monstruosa demais, recusando qualquer tipo de aceitação ou **empatia**.

O testemunho, nesse sentido, desnaturaliza versões tidas como oficiais, verdades inquestionáveis, abre outras passagens de reconexão com os outros. O sobrevivente adquire uma capacidade de agir sobre si e sobre os outros, permitindo que o trauma apareça em uma memória coletiva, gesto conjunto de nomear, tratar e construir sentidos para algo a princípio inominável.

É no relato, no testemunho, que muitas vezes as sobrevivências criam formas de resistir ao apagamento e ao esquecimento que envolve um trauma.

Acolher o outro e sua dor na escrita

A escrita não é um relatório do vivido, mas sua fabricação, quase uma invenção. Pode, assim, ser pensada como criação fabuladora do vivido, pois evita conduzir o leitor por caminhos já conhecidos, preserva o inaudito e o espaço do livre-jogo no qual brinca o espectador emancipado.

O relato não é só a transposição em palavras da experiência vivenciada quando ela chega ao fim. Ela está no coração do percurso de quem sofreu a experiência, persegue-o e constitui o seu trabalho parte por parte.

Trata-se menos de dizer a verdade factual ou oficial, muitas vezes, e mais de construir um questionamento, de manter acesa a inquietação que impulsiona para frente, que nutre um sobrevivente que duvida, caminha, reconta, revive, transforma. O relato nos torna responsáveis: criar um mundo que altere a norma que define a maneira como podemos reconhecer o outro e suas dores.

O silêncio

O silêncio é uma atitude em direção ao outro. Não é o avesso da comunicação ou como, em sentido mais usual, a "ausência de som". A escolha pelo silêncio acontece por diversos motivos, tanto pessoais quanto por uma situação ou contexto onde estamos.

Seria possível falar no plural, de silêncios, mais do que no singular.

Existem tantos tipos de silêncio quantos forem os modos de encontro com a subjetividade do outro. O silêncio de duas pessoas no início de um namoro, por exemplo, é diferente do silêncio do mesmo casal no fim do relacionamento: no início, palavras são desnecessárias; no final, impossíveis.

O silêncio do enlevo é diferente da ausência de conversa do final, quando a presença do outro se torna um incômodo com o qual não se gostaria de interagir. Não podendo ignorar a presença física do outro, neutraliza-se o contato com o mínimo de comunicação, reduzida a um conjunto de processos de informações sem relevância.

Quebrar um silêncio depende, por exemplo, das hierarquias sociais nas quais esse silêncio está inscrito: como vimos, o direito e a possibilidade de falar são distribuídos de maneira desigual, precisam ser conquistados e reconhecidos. O silêncio está ligado, em primeiro lugar, às possibilidades de falar, e serve para demarcar a *distância* entre as pessoas, regulando as possibilidades de falar e as condições da escuta.

A diminuição de importância da voz do outro é também um exemplo disso que chamamos de silenciamento. Discursos que "não importam", falas que "não interessam": a diminuição da importância da fala do outro costuma significar também a diminuição do outro. Quando você não presta atenção à fala de alguém deixa clara a posição na qual você se coloca. O silêncio não se resume a impedir de falar, mas também a mostrar que a fala da pessoa não importa.

> Nascemos em teias de interlocução ou narrativa, de narrativas familiares e de gênero a linguísticas e às macronarrativas da identidade coletiva. Tornamo-nos conscientes de quem somos aprendendo a nos tornar parceiros de conversação nessas narrativas.
>
> SEYLA BENHABIB.
> *The Claims of Culture*, p. 15.

O silêncio da transparência nas mídias digitais

Uma das ilusões da sociedade contemporânea é a ideia de que, com as redes sociais, todo mundo poderia falar, e isso seria suficiente para dar espaço a todas e todos. Na verdade, ao que parece, o problema que teríamos que enfrentar é diferente: ampliar as condições de escuta para diminuir os silêncios, imensos, existentes nas redes.

As mídias digitais pareciam ter resolvido a questão da distribuição das falas, mas estabeleceram o desafio de lidar com outro tipo de silêncio, o das vozes que nunca serão ouvidas. Chegamos a outro curioso paradoxo: é possível silenciar as pessoas dando voz a elas. Como todo mundo falando ao mesmo tempo, sem parar, o que você diz tem poucas chances de ser ouvido. Ou, ainda, podemos ouvir, mas raramente essas vozes se entrelaçam em diálogos no encontro com o outro.

O excesso de informações leva à ilusão da transparência nas mídias digitais. A quantidade de dados on-line sobre qualquer pessoa permite reconstituir, sem muita dificuldade, quem ela é. O máximo de transparência é também o máximo de vigilância.

Mas a relação entre excesso de informação e silêncio não para por aí. A possibilidade de se saber, em poucos segundos, informações sobre a vida de qualquer pessoa reduz a descoberta do outro a zero. Não há mistérios quando tudo está visível em um perfil. Exceto o que se esconde. O máximo de visibilidade revela o máximo de ocultamento, a voz total significa um silêncio total.

Se você costuma ler comentários de postagens em redes sociais, já notou que há poucas interações de verdade. As respostas costumam se basear em fragmentos do que foi dito, trechos isolados, comentários sobre o perfil de quem postou. Às vezes uma palavra isolada, uma expressão ou elemento pessoal, como o nome ou a foto, se objeto de crítica. Queremos dar a resposta antes de ler a pergunta: a escuta da pergunta é substituída pela necessidade de responder, fechar a questão, silenciar o outro.

A hospitalidade da escuta

Nossa sociedade está perdendo a experiência da escuta. Na fugacidade e na transparência absoluta pretendida pelas redes digitais nós vemos e ouvimos, mas raramente contemplamos ou escutamos. A pressa de postar é complementada pela ansiedade de uma resposta instantânea, reações positivas e compartilhamentos. E a frustração quando não há comentários? Você disse, era importante, por que ninguém ouviu?

Não deixa de ser um sintoma contemporâneo que o lugar da escuta seja o espaço da terapia: falar para ser ouvido é um compromisso com hora marcada, e não está acessível a todas as pessoas.

A facilidade de desconexão vem se transformando na simplicidade do silenciamento do outro. Se a conversa no grupo está difícil, silencio ou saio do grupo. Bloqueio aqueles com quem não concordo. O relacionamento termina quando deixo de seguir a pessoa. Fecho-me no conforto dos que pensam como eu, e fico confortável cercado por mim mesmo.

A abertura para receber o outro, retomando uma ideia do filósofo Jacques Derrida, se traduz na noção de *hospitalidade*: receber. A relação entre voz e escuta não é apenas um ato de doação, mas também de recepção do outro em mim. Sem receber a alteridade não se recebe sua mensagem. A abertura é a hospitalidade para receber o outro.

> Os infelizes não precisam de outra coisa neste mundo do que de pessoas capazes de lhes prestarem atenção. A capacidade de prestar atenção a um infeliz é uma coisa muito rara, muito difícil; é quase um milagre, é um milagre.
>
> SIMONE WEIL. *Espera de Deus*, p. 105.

Hospitalidade da narrativa: no momento da abertura de uma história, de uma experiência para a alteridade, quando então algo é tornado presente novamente, algo é desvelado, mostrado em seu sentido. A narrativa requer a coragem de dizer e de se mostrar, acolhendo o outro na história.

Hospitalidade na escuta: o ato contínuo de receber a narrativa do outro, procurando, para além do ouvir, o sentir da alteridade que se apresenta. A abertura existe como espaço para *sentir* o outro, quase em uma estética do outro – do grego antigo "*aesthesis*", "sensibilidade". Isso requer, evidentemente, um **tempo** raramente encontrado na velocidade das ações cotidianas. Abrir-se para o outro demanda tempo para reconhecer a presença da outra pessoa.

Aproximando a comunicação

Quando falamos em comunicação é comum associar a palavra com expressões como "mídia", "informação" ou "redes sociais". Se você for um pouco mais longe, pode pensar no jornalismo ou na publicidade. E também, em algum momento, na internet, em séries de TV, músicas e filmes. Se quiser ir mais longe ainda, pode falar de gestos, roupas, de uma conversa.

Essas associações não deixam de estar corretas; de fato, o universo do que chamamos de "comunicação" é bastante vasto e pode incluir, de uma maneira ou de outra, todos esses elementos. Mas, do ponto de vista da relação com os outros, é importante pensar um pouco melhor o que pode ser comunicação.

Com um detalhe: não existe uma única definição do que é "comunicação" (seria, mais ou menos, como procurar um conceito do que é música ou filosofia). Por isso, não apresentamos *a* definição, mas *uma* proposta: entender a comunicação como uma relação simbólica que constrói um laço entre os seres, mediada ou não por algum artefato ou aparelho técnico.

Talvez fosse interessante, em primeiro lugar, começar a pensar o que a comunicação *não* é.

Informação e significado

Comunicação é diferente de informação. Informar é transmitir dados de um sistema para outro, sem necessariamente criar vínculos.

Enquanto você está lendo, seu corpo, como todo organismo, está trocando informações com o ambiente, como a temperatura, o movimento, os sons e cheiros.

Essas informações tendem a passar despercebidas até que você, por alguma razão, tome consciência delas (neste momento, por exemplo, você não lembra que tem dedos no pé. *Agora* que lembramos você disso houve uma nova informação). A comunicação começa a se desenhar quando você atribui *sentido* a uma informação, contrasta com outras, cria uma *relação* e elas passam a *significar* alguma coisa.

Por isso, informação em si não costuma significar muita coisa. Não é a quantidade de informação que define o que você sabe, mas o sentido dado a ela.

Na escola, por exemplo, expor alunas e alunos a uma quantidade maior de informações parece não ter nada a ver com o aprendizado se não houver a mediação de uma professora ou professor para, com os estudantes, construírem sentidos nas informações.

Em outro exemplo, você pode ficar horas e horas olhando as telas de um *smartphone*, recebendo quantidades imensas de informação sem, ao que tudo indica, muito significado. O resultado, após algum tempo, é cansaço. O excesso de informação cansa, não necessariamente se transforma em conhecimento.

A comunicação é, para o falante, um verdadeiro processo de formação; é por isso que o modelo da expressão de necessidades que antecede a sua fala é inadequado. Há uma espécie de presença íntima da comunicação no sujeito. [...] Se esse movimento assinala uma possível fragilidade da experiência vivida, simultaneamente radicaliza o vínculo público/privado, nenhuma das duas poderia emergir na ausência do outro.

ESTELLE FERRARESE. *Éthique et politique de l'espace publique*, p. 154.

Comunicação e/ou mídia

Comunicação também não é mídia. "Mídia" é a versão brasileira de *"media"*, que significa "os meios". O singular é *"médium"*, literalmente, "aquele que fica no meio". Nos Estados Unidos, de onde veio parte das pesquisas em comunicação, as pessoas usam a palavra *"media"* para se referir a "meios de comunicação". Como a pronúncia é "mídia", essa palavra foi agregada ao vocabulário brasileiro.

"Mídia" costuma se referir às tecnologias usadas para transmitir e compartilhar mensagens, como *smartphones*, computadores, televisão ou cinema. Em outro sentido, as empresas de comunicação são geralmente referidas no singular como "a mídia". Nos dois casos, são elementos relacionados à comunicação, mas que, em geral, não se confundem com ela.

Tecnologias são o *suporte* material para as mensagens – e, claro, certamente interferem no conteúdo. Postagens em redes sociais são diferentes de um livro. A experiência da leitura de um texto impresso é diferente da leitura na tela. Falar com alguém ao vivo é diferente de falar com outras pessoas através das telas digitais.

Isso não está diretamente relacionado, ao que parece, com a experiência da comunicação: podemos estar frente a frente com alguém e continuar indiferentes, assim como é possível ter uma experiência plena de comunicação via *smartphone*.

Além da tecnologia

Uma atitude relativamente comum é misturar a mídia com a comunicação, responsabilizando a tecnologia pelas coisas que acontecem e esquecendo que atrás de toda tela existe um ser humano. Você pode ver isso em expressões como: "Olha o que o aplicativo fez" ou "Veja o que chegou nesta rede social". Quando você recebe uma mensagem bacana via rede, não fica feliz porque chegou *via rede*, mas porque *chegou*. Esse é um dos aspectos fundamentais da comunicação: a criação de laços, vínculos afetivos, um *ponto em comum* com os outros.

Aliás, isso está na origem da palavra: "comunicação" vem do latim *"communicare"*, e significa tanto "transmitir" quanto "compartilhar". A raiz, *"communio"*, também está nas palavras "comunhão" e "comunidade". Comunicação é a criação de algo em comum com o outro, espaço compartilhado na relação.

A comunicação como encontro

Já notou como é difícil estar na presença de outras pessoas sem interagir com elas? A presença da outra pessoa me afeta, posiciona, desafia a pensar a mim mesmo. Não estou mais sozinho, não sou mais apenas "eu", me torno alguém em relação a essa pessoa. A presença do outro me institui. Diante dos filhos, somos mães e pais; na rua, quando alguém pede ajuda, somos responsáveis por ela; diante de um torcedor do Atlético Mineiro ou do Fortaleza, somos companheiros ou adversários, campeões ou derrotados.

Ficar indiferente exige muito esforço. Quando, por exemplo, alguém na rua pede uma ajuda, é precisamos nos esforçar para desviar o olhar e fingir que não vemos. O rosto e a voz da outra pessoa chamam, convocam, provocam, recordam minha própria humanidade.

(Você já deve ter notado isso, por exemplo, em elevadores: temos que ficar vários segundos ao lado de desconhecidos fazendo qualquer coisa para não cruzar os olhares: olhamos para o teto, ficamos acompanhando a mudança dos andares, encaramos a porta – vale tudo para ignorar as outras pessoas.)

Isso significa dizer também que a comunicação só existe entre na diferença. Olhar para a outra pessoa, reconhecer sua existência é perceber que somos parecidos, não iguais. Por outro lado, podemos olhar para enumerar dessemelhanças e reduzir o outro à inferiorização e desvalorização. A comunicação só é possível quando há algo de novo, de diferente, a ser dito. Quando não há diferença, não há novidade, apenas repetição: a comunicação, perde seu interesse, sua dinâmica, reduzida a um único tom – fica *monótona*.

Notamos isso, por exemplo, em relacionamentos afetivos, quando uma das pessoas domina o casal. É a única voz: a outra pessoa, anulada, é reduzida ao silêncio. Não há conversa porque não há novidades a trocar: não há nada de diferente que mereça ser contado. O resultado é a violência da monotonia: o casal se reduz a uma voz – geralmente da pessoa que se julga dominante.

Podemos, claro, ter expectativas em relação à outra pessoa: se peço uma informação para o cobrador do ônibus, espero que ele me responda de maneira rápida e objetiva, e não comece a falar de sua vida, sonhos e esperanças.

Nesse momento, chegamos a um ponto central da comunicação: além de cada pessoa envolvida, surge um terceiro elemento: o *nós*.

O envolvimento com a outra pessoa cria algo a mais, diferente dela e de mim. É o espaço da *relação*, no qual cada um de nós tenta ir na direção do outro, atento aos sinais recebidos – e sabendo que a outra pessoa também deve estar atenta aos sinais que enviamos. Por isso, comunicação é a tentativa de criação de um espaço comum, um "nós", formado no encontro com os outros, diferente de cada "eu" isolado.

Representações: comunicar para entender

Ao nos comunicarmos com alguém há uma troca de representações.

De um lado, o modo como você fala mostra o que pensa e espera da pessoa, qual a *representação* dela para você. De outro, percebemos o modo como *ela* vê as coisas, como *você* aparece para ela. Essa interação é muito rápida, e geralmente você tem poucos segundos para definir o que está acontecendo – como diz Erving Goffman, para "enquadrar" uma situação. Quanto maior sua prática em determinado tipo de interação, por exemplo, em reuniões de empresa ou festas de família, mais rápido você "enquadra" corretamente o que está acontecendo e prepara a resposta.

Antes mesmo de falar com alguém você já tem informações a seu respeito e define a abordagem; por exemplo, chamar de

"Você" ou de "Senhor". No instante seguinte, verifica o resultado: a resposta dela a "Senhor", digamos, pode ser: "O Senhor está no céu, me chame de 'você'". Essa resposta dá uma ideia de como vai prosseguir a conversa: ao autorizar o uso de "você" no lugar de "senhor", a pessoa indica um tom menos formal, e assim por diante.

A comunicação não está ligada à presença e à visibilidade da outra pessoa. O simples fato de ver alguém não faz com que ela exista; claro, você está vendo, mas sua existência não muda nada para sua vida.

Todos os dias você vê centenas de pessoas. A maior parte delas passa despercebida, tomam um instante de passagem pela percepção, pelo olhar, talvez pela audição, e desaparecem sem vestígios. Elas existem, mas não *significam*. Não se trata necessariamente de desprezo, mas de uma característica da vida moderna, sobretudo nas grandes metrópoles: você também não significa nada para elas. Não há nada em *comum*, não existe *comunicação*.

A indiferença não estabelece espaços comuns, e o ato mecânico de informar não depende do outro: podemos passar horas deslizando a tela de nossos *smartphones* nas redes sociais sem nos comunicarmos com ninguém. No ambiente virtual, a sensação de proteção, mesmo diante das possibilidades de controle, pode colocar em xeque a responsabilidade diante do outro – talvez porque, na verdade, estamos olhando uma tela iluminada com *pixels*.

A comunicação requer algo mais do que estar presente, mais do que os esbarrões da superficialidade contemporânea. Demanda um encontro entre pessoas, tomadas em seu aspecto individual, mas também histórico e social – o que chamamos de "sujeitos". Envolve a relação *entre* sujeitos, uma relação *intersubjetiva*, entre vozes. Entre nós.

Mais leituras

FERRARA, L. D'A. *A comunicação que não vemos*. São Paulo: Paulus, 2017.

SONTAG, S. *Contra a interpretação*. Porto Alegre: L&PM, 1987.

SPIVAK, G.C. *Pode o subalterno falar?* Belo Horizonte: Ed. UFMG, 2016.

ZUMTHOR, P. *Performance, recepção, leitura*. São Paulo: Cosac & Naif, 2014.

7

Fazer outras escolhas além da razão e das emoções

NA MANHÃ DO DIA 27 DE JULHO DE 1656, NA SINAGOGA CENTRAL DE AMSTERDÃ, foram pronunciadas as seguintes palavras de *herem,* ou exclusão da comunidade judaica, contra Baruch de Espinosa. Aqui está um trecho:

> [...] Por decreto dos anjos e mandamento dos santos homens, nós excomungamos, expelimos, amaldiçoamos e danamos Baruch de Espinosa [...]. Amaldiçoado seja ele de dia e de noite; amaldiçoado seja ele ao se deitar e ao se levantar. Amaldiçoado seja ele ao ir e ao retornar. O Senhor não o poupe, mas a ira do Senhor e seu zelo ardam contra esse homem, e todas as maldições que estão escritas neste Livro caiam sobre ele, e o Senhor risque seu nome sob os céus. [...].

Mas o que tinha feito Espinosa para ser tão querido por sua comunidade? O início do documento oferece algumas pistas: há referências às suas "más opiniões e atos", "abomináveis heresias" e "feitos monstruosos". O conselho da sinagoga, também conta o texto, tentou "por vários meios e promessas" corrigir essas condutas, mas em vão. Aos 24 anos, sem que tivesse publicado nenhum dos livros pelos quais se tornaria conhecido, Baruch de Espinosa foi expulso de sua comunidade.

Ele não parece ter ficado muito mal com isso. Na verdade, segundo seu biógrafo Steven Nadler, em *Um livro forjado no inferno,* a exclusão era o desfecho esperado de conflitos já existentes com as autoridades. Aliás, Espinosa conseguiu, durante sua vida, entrar em conflito com praticamente *todas* as autoridades – a comunidade judaica, os protestantes, o governo e boa parte das pessoas que leram suas obras. E isso na Holanda, talvez o pedaço mais tolerante e liberal da Europa do século XVII, onde vários filósofos, dentre os quais René Descartes, escolheram viver para escapar das perseguições às quais estariam sujeitos em outros lugares.

Mas quais eram as "más opiniões e atos", as "abomináveis heresias" de Espinosa? As obras escritas por ele, como o *Tratado teológico-político* e a *Ética*, oferecem uma amostra de quais eram suas ideias. Em termos modernos, poderíamos dizer que ele estava procurando caminhos para entender o ser humano – outras escolhas, fundadas em outras verdades. E isso se chocava com o pensamento de seus contemporâneos. Pensar de maneira diferente é olhar a partir de outros pontos de vista, desafiar concepções cristalizadas há tempos, e isso pode ser muito complicado em relação aos outros.

A violência das reações aos seus escritos – o *Tratado teológico-político* foi o único publicado em vida – mostrava que Espinosa havia tocado em uma corda sensível: a partir da razão, estavam bases filosóficas da sociedade de seu tempo.

E curiosamente, sua crença na razão o levou a examinar em detalhes as paixões e a afetividade humana, um dos pontos centrais de sua *Ética* (publicada postumamente: a paciência da época havia chegado ao limite, e Espinosa sabia disso).

As paixões e os afetos

O ser humano é um animal racional. Certo. Mas, tanto quanto isso, talvez sejamos animais afetivos. Na vida moderna, aprendemos desde cedo a colocar as emoções e o afeto em segundo plano, deixados para momentos considerados menos importantes. Valorizamos muito a racionalidade, o pensamento mais organizado, a medição exata, e deixamos de lado a dimensão das emoções e do afeto. Mas é importante, desde o início, deixar claro o que estamos chamando com essa palavra.

Na linguagem comum, quando falamos em "afeto" geralmente nos referimos a carinho, a gostar de alguém, sentir algo por outra pessoa. A concepção de Espinosa é um pouco diferente. O afeto está ligado ao verbo *afetar*, aquilo que me afeta, mexe comigo, me move. Se quiser uma expressão mais poética, o afeto é aquilo que move a minha alma, seja de maneira positiva ou negativa.

Como, em geral, damos mais valor para o que está ligado à racionalidade, às vezes esquecemos de respeitar o **tempo** dos afetos, das emoções e vivências interiores, deixadas de lado diante da pressão para fazer as coisas da maneira mais rápida, racional e racionalizada possível. Isso, evidentemente, não está errado – ou não *muito* errado – em si, mas é questão de incluir nessa conta também a dimensão do afeto.

A rigor, qualquer coisa pode nos afetar. Não existe uma fórmula que diga o que afeta mais ou menos. E, atualmente, cada vez temos menos espaço para entender o que está acontecendo conosco, para falar desse eu: falamos de nós o tempo todo nas redes sociais, expressamos nossas opiniões, entramos em discussões, mas raramente temos tempo para falar sobre aquilo que nos afeta, mexe conosco, faz bem ou faz mal. Para conhecer isso, é necessário o tempo de conhecer os próprios afetos. Porque é a partir deles, em boa parte das vezes, que definimos nossas verdades e tomamos nossas decisões – e começamos nossa exploração por este último ponto.

A escolha como movimento do afeto

Se existe uma coisa que nos torna humanos é a capacidade de tomar decisões. Nenhuma outra criatura na natureza pode fazer isso. Talvez tão importante quanto andar sobre duas pernas, falar ou conseguir manipular objetos com as mãos. De todas essas habilidades, fazer escolhas mobiliza não só nosso raciocínio, mas também vontades, emoções e afetos, tudo ao mesmo tempo, para decidir entre possibilidades.

Se você tem cachorro, gato ou outros animais domésticos pode imediatamente desconfiar do que falamos: eles parecem não só escolher, mas ter critérios bem definidos. Não deixa de ser verdade: o cachorrinho de um dos autores deste livro, por exemplo, só come torradas se for com manteiga. Não adianta oferecer sem; ele vira o focinho e vai embora.

Isso é *escolher*, certo?

A rigor, não. Na verdade, o animal só "escolhe", entre aspas, porque convive com seres humanos. Em sua condição natural, nenhum animal escolhe fazer ou deixar de fazer alguma coisa: comem para sobreviver, protegem-se instintivamente, buscam perpetuar a espécie. Eles são *determinados* por seus instintos a fazer o que fazem. Apenas quando domesticados pelo ser humano parecem adquirir algumas de nossas características.

Seres humanos também são dotados de instintos, sem dúvida. A diferença é que podemos escolher *não* obedecer a eles. Ao fazer isso, damos um passo muito importante; o ato de tomar decisões, um dos pontos fundamentais para a passagem da natureza à cultura. Em outras palavras, aquilo que nos torna humanos.

A gente, aliás, não nasce escolhendo.

Nos primeiros dias de vida, o ser humano é dominado quase totalmente por sua condição natural. E, nesses primeiros instantes, também é inserido na cultura. Ganha um nome. Um registro. Uma família. Ao longo dos primeiros anos, aprende a respeitar espaços dos outros e dominar os impulsos para fazer o que quer. Controla, com mais ou menos dificuldades, seus instintos.

À medida que cresce, a consciência de si mesmo e do mundo ao seu redor aumenta e, com isso, aparece a capacidade de tomar decisões. Mais importante, assumir as consequências. Escolher, de certa maneira, é o sinal de que o ser humano está em condições de exercer sua cidadania ou a responsabilidade perante os outros. Mas isso pode colocar uma questão: até que ponto, de fato, podemos escolher alguma coisa?

Entre o determinismo e a liberdade

Para começar a delinear uma resposta, precisamos logo de saída lembrar que existem duas opiniões extremas, com as quais é importante tomar algum cuidado. Na prática, são armadilhas do pensamento nas quais não podemos cair se queremos delinear a questão e encontrar alguns caminhos.

O primeiro é o *determinismo absoluto*: nesse ponto de vista, tudo o que acontece está previamente determinado, seja pelas estrelas, por forças sociais, uma divindade, o inconsciente ou pelo nome. Estamos, sem saber, seguindo o roteiro traçado por algo ou alguém. Essa posição cria em nós um beco sem saída: se tudo está determinado, não resta muito a fazer a não ser esperar as coisas acontecerem.

O outro é a ideia da *liberdade absoluta*. Isso significa que podemos escolher qualquer coisa. Nada está determinado, as escolhas seriam abertas e completamente livres, sem nenhuma condição específica. Como a anterior, esta posição cria dificuldades: se a liberdade é absoluta, não temos nenhuma base para fazer escolhas. Tudo por acontecer, e, portanto, qualquer que seja a decisão, as consequências são absolutamente inesperadas. Curiosamente, chegamos a uma conclusão semelhante: se não podemos prever nada, também não há muito o que fazer.

Essas duas posições extremas são armadilhas lógicas. De certa maneira, são igualmente paralisantes: em um caso, porque está tudo definido; no outro, porque nunca sei o que vai acontecer.

Entre esses dois extremos está o cotidiano, no qual percebemos algo mais prático, próximo do centro entre os dois extremos:

podemos escolher, mas dentro de alguns limites. Tomar decisões não significa lidar com a liberdade ou o determinismo absolutos, mas aprender quais são as fronteiras e, dentro delas, fazer escolhas.

Os limites das minhas escolhas

Esbarramos constantemente em situações que limitam nossa liberdade de escolha. Ao longo do tempo, tanto a filosofia quanto as ciências sociais tentaram entender esses limites e, em linhas gerais, poderíamos definir três – embora tanto o número quanto suas características estejam longe de ser unanimidade.

O primeiro talvez seja o que mais nos aproxima da natureza: as limitações *biológicas*. Somos corpos limitados por questões de idade, habilidades e capacidades físicas. Precisamos regularmente de água, alimentos e descanso. Nossas disposições mudam com o tempo. Dependemos de condições climáticas muito específicas para sobreviver. E, mais ainda, buscamos algo na esfera do conforto e do bem-estar.

Uma segunda limitação é *social*: as condições materiais nas quais nascemos e vivemos definem, em parte, nossa trajetória. Uma pessoa nascida em uma região empobrecida, em situação de **vulnerabilidade** social, com poucas oportunidades de estudo, obrigada a trabalhar desde cedo, precisará de um esforço incrivelmente maior para entrar em uma universidade do que outra, nascida em um bairro nobre, que teve a oportunidade de cursar os melhores colégios. O lugar que você ocupa na sociedade indica, desde o dia em que nasceu, até onde pode ir – e qual o tamanho do esforço se quisermos ir além.

Uma terceira limitação está ligada à psicologia do indivíduo. A mente humana é tremendamente mais complexa do que parece, e nem nós sabemos exatamente o que há lá dentro. Parte considerável de nossos processos mentais – aprendemos com Sigmund Freud – é *inconsciente*. Embora ligados às ações do cotidiano, só conseguimos percebê-los de maneira indireta – isso, claro, *quando* conseguimos perceber suas manifestações.

Vale lembrar, no entanto, que *limites* não são necessariamente *impedimentos*, ao menos não em um sentido absoluto. Quase nada do que é humano, aliás, lida com absolutos. Reconhecer esses limites é um passo para definir a próxima atitude em relação a eles – seja de desafio para mudar, seja de resignação diante de um fato.

Mas qual é, na prática, o peso desses limites no cotidiano?

Entre a determinação e a escolha

Todos os dias, mesmo sem perceber, você toma dezenas de decisões. Logo de manhã, escolhe o que vai vestir. No caminho para o trabalho, decide se pega um ônibus lotado ou espera o próximo; nas refeições, pensa no que comer, às vezes optando entre o que se *quer* e o que se *deve* (ou o *gostoso* e o *saudável*, que nem sempre são a mesma coisa); decide por este ou aquele modo de fazer as atividades no trabalho. De noite, ao chegar em casa, define se vai conversar, assistir a uma série de TV ou dormir.

Mas nem sempre as coisas funcionam assim. Se você tem horário para chegar no trabalho, não pode se dar ao luxo de escolher entre o ônibus lotado e um vazio; conforme seu emprego, não tem como optar por trabalhar desta ou daquela maneira; mesmo as roupas ou a comida dependem, por exemplo, de sua renda e saúde.

Diante desses argumentos você pode questionar, com ar desconfiado: Podemos *mesmo* escolher? Será que a ideia de escolha não é, na verdade, uma ilusão?

A determinação absoluta: Espinosa

Espinosa, na *Ética*, usa um sofisticado e refinado argumento para explicar isso. Em linhas gerais, seu raciocínio parte do princípio de que nada na natureza ocorre por acaso: tudo está definido e predeterminado. O cosmos é regido por leis e princípios absolutos, que independem da vontade ou do interesse de quem quer que seja. Quando algo acontece, é porque *deve* acontecer – a natureza é perfeita justamente por isso: ela segue seu curso exatamente como deve.

Por que, então, alguns acontecimentos são ruins? Eventos naturais, como tempestades ou terremotos, podem ter consequências terríveis para nós. Segundo Espinosa, cometemos um erro de julgamento: os fenômenos naturais simplesmente acontecem. Somos nós, seres humanos, que classificamos como "bons" ou "ruins". A natureza seguiu seu curso exatamente como deveria, de uma maneira perfeita. Tudo o que há na natureza é uma manifestação dessa perfeição absoluta.

Do ponto de vista humano, é muito difícil aceitar isso. Esse, no entanto, é um dos desafios propostos por Espinosa, e um dos motivos pelo qual ele foi combatido: tentar, por um momento, sair do ponto de vista habitual e perceber que o universo é muito maior e mais complexo do que julgamentos de valor como "bom" ou "ruim".

Certamente, do ponto de vista humano, uma tempestade que alaga a cidade, provocando problemas graves, é algo ruim. No entanto, a chuva não cai para beneficiar ou prejudicar: chove quando condições atmosféricas atingem um certo ponto. A chuva não está nem aí para os nossos interesses. O cosmos mantém uma indiferença olímpica em relação a nós.

Entender isso em relação à natureza talvez seja até possível. Afinal, mesmo quando consideramos algo "bom" ou "mau" sabemos que, no fundo, a natureza não está submetida aos nossos gostos e caprichos humanos. A situação fica mais complicada, no entanto, quando chegamos na esfera humana. Que a natureza seja determinada, tudo bem, mas, como ser humano, tenho plena liberdade de escolha.

Você pode, agora mesmo, fazer uma pausa na leitura deste livro para fazer um chá. Ou ir ao supermercado. Ou continuar lendo. Em um nível mais amplo, pode mudar de emprego, casar ou descasar, ir jogar xadrez ou conversar com alguém sobre a vida afetiva das anêmonas do Mar do Norte (presumindo que elas *tenham* vida afetiva). No final das contas, é quase constrangedor ter que demonstrar as possibilidades de escolha. Nada, a rigor, nos determina.

Para Espinosa, estamos diante de outra ilusão. Neste caso, a ilusão do livre-arbítrio. Para ele, seres humanos são seres naturais. Somos diferentes dos outros animais porque temos nosso raciocínio, mas continuamos, parte da natureza. Assim como as ações do mundo natural são sempre *determinadas*, ou, como se chama no vocabulário filosófico, *necessárias*, as ações humanas também são. Como parte da natureza, o ser humano não escolhe, mas faz aquilo que *precisa* fazer.

Por que, então, temos essa certeza de que podemos escolher – como, aliás, podemos mostrar das maneiras mais simples? Essa é uma de suas propostas mais radicais na *Ética*: somos determinados por uma força de vida a fazer o que fazemos, mas não a conhecemos.

Todo ser vivo, tudo o que há na natureza, obedece a um único princípio: o esforço para perseverar naquilo que é, ou seja, continuar sendo o que se é. "Esforço", em latim, é *conatus* (Espinosa escreveu sua Ética em latim, como era costume na época). O *conatus* é um esforço de ser, uma força ou movimento permanente em nós. Nada de místico nisso: o *conatus* é o esforço contínuo da vida em continuar a ser o que é.

Esse *conatus* é movido também pelas experiências que temos. Elas *afetam* o conatus, fazendo com que sua potência aumente (quando o afeto é bom) ou diminua (se é negativo). Os afetos movimentam o *conatus*, que responde na forma das paixões – a alegria, a tristeza, a raiva e assim por diante.

O *conatus* é afetado por todas as experiências, internas ou externas. A sensação de alegria e entusiasmo que você tem quando vê a pessoa que ama decorre disso: ela é um afeto feliz que amplia a potência do *conatus*, provocando uma paixão alegre (maneira espinosiana de dizer "eu te amo").

Da mesma maneira, com sentido inverso, se você encontra uma daquelas pessoas negativas, tristes, que só reclamam de tudo e fazem comentários depreciativos, seu *conatus* diminui de intensidade, brilha menos, e você precisa fazer algo. Por exemplo, comer um chocolate para aumentar novamente a intensidade do seu *conatus* a partir de uma experiência física positiva.

Para Espinosa, corpo e alma não podem ser separados: o que afeta um mexe com o outro, para o bem ou para o mal.

Não temos como *não* ser afetados, mas podemos *conhecer* o que nos afeta e, a partir disso, melhorar a maneira como tomamos nossas decisões.

Segundo Espinosa, todas as nossas ações são determinadas. Parecemos estar escolhendo, mas, na realidade, há fatores que, de antemão, nos levaram a optar entre isso ou aquilo. O problema é que, como nossos sentidos são limitados, simplesmente *não conseguimos saber* as causas que levaram a tomar esta ou aquela decisão.

Como não vemos, pelas nossas limitações, as verdadeiras causas de nossas ações, achamos que as decisões foram inteiramente nossas. Daí a ideia de uma ilusão do livre-arbítrio. *Achamos* que somos totalmente livres porque não conhecemos os fatores que determinam nossas escolhas. Daí que, no cotidiano, pensamos que nossas decisões são um resultado de nossa vontade individual.

Essa posição pode, de saída, levar a um certo desencorajamento: se está tudo determinado, não adianta nada tentar mudar alguma coisa. É só outro nome para o determinismo.

No entanto, lembra Espinosa, como não conhecemos o que está para ser feito – ou seja, como não sabemos as causas de nossas escolhas –, somos levados a nos esforçar sempre para agir da maneira que consideramos mais correto. Paradoxalmente, o fato de o livre-arbítrio não existir não nos impede de *agir como se ele existisse*, e, por isso, concentrarmos nossa força para tomar as melhores decisões possíveis segundo nosso julgamento.

A angústia da escolha

Ainda que, para Espinosa, tudo já esteja determinado, o fato de não saber disso nos coloca diante da possibilidade de escolher. Mesmo que isso seja uma ilusão, na prática, isso não retira de nós a necessidade de tomar decisões.

Jean-Paul Sartre, em outra perspectiva, vai dizer que estar no mundo é a primeira condição da escolha: existir obriga a tomar decisões, fazer escolhas, optar entre possibilidades. E é isso, para ele, que nos torna o que somos.

Sartre parte do princípio de que, antes de mais nada, você existe. Está no mundo e tem consciência. Mas não há nada além disso: a existência é como uma tela em branco, a ser preenchida pelas escolhas que fizer. Você não nasceu destinado a nada em particular: todas as possibilidades estão abertas, nada obriga a *ser* ou *deixar de ser* alguma coisa.

Não há, de antemão, nenhuma essência que nos indique qual caminho a tomar. Daí a expressão de Sartre, em *O existencialismo é um humanismo*: "a existência precede a essência". Você não é

> É preciso ser consciente para escolher, e é preciso escolher para ser consciente. Escolha e consciência são uma só e mesma coisa.
>
> JEAN-PAUL SARTRE. *O ser e o nada*, p. 569.

149

nada, exceto o que *escolher* ser. Não há, de nascimento, sujeitos "bons" ou "maus", "egoístas" ou "caridosos": as escolhas definem o que você é, não o contrário. A partir de suas decisões, sobretudo em relação às outras pessoas, você se torna quem é.

No entanto, no cotidiano, nem sempre você se sente livre. Suas decisões levam em conta a opinião de outras pessoas, a situação econômica e social, relações afetivas e laços pessoais. É bem complicado, por exemplo, deixar o trabalho quando você bem quiser. Há obrigações, responsabilidades, boletos a pagar. Na esfera afetiva, não é possível criar e destruir laços a qualquer momento – dificilmente sua vida afetiva e emocional resistiria a isso.

Diante disso, a posição de Sartre sobre a liberdade absoluta parece ser bem difícil de defender, tão complicado quanto o determinismo de Espinosa. Nos dois casos, está em jogo a potência da escolha, e o prêmio – a liberdade – vale o esforço.

Temos, sem dúvida, inclinações, potências e limites, e Sartre não deixa de reconhecer isso. Sua defesa da liberdade de escolha não é ingênua. Vivemos, ele reconhece, em um mundo de relações sociais, no qual o choque de interesses e conflitos de poder são inevitáveis. No entanto, nenhuma dessas condições pode servir de justificativa para nossas escolhas e, muito menos, para deixarmos de tomar decisões. Para Sartre, existe sempre a *possibilidade* de fazer alguma escolha, mesmo nas situações extremas. E essas escolhas definem quem somos. Estamos, como diz no livro *O ser e o nada*, "condenados a ser livres".

Do ponto de vista dessa filosofia, não existe um sentido pronto para a vida, uma meta estabelecida anteriormente, um destino a cumprir que pudesse definir, *de fora*, o sentido da vida. Do ponto de vista da reflexão, a existência humana está sempre diante de escolhas abertas. O sentido de cada vida é construído a cada dia (isso traz uma responsabilidade constante: não existe dia sem importância, cada um deles decide algo sobre quem você é).

Isso pode parecer meio assustador. Seria muito mais confortável imaginar que algo, alguma força, é responsável por todos os desígnios individuais: as escolhas não seriam mais responsabilidade sua, mas de quem escolheu por você. O sentido da vida seria apenas reconhecer, ou descobrir, o destino.

A liberdade absoluta não é confortável como parece. À primeira vista, ninguém duvida que a liberdade é um valor fundamental do ser humano, e o direito de escolher como viver está na base da **justiça** e da democracia. No entanto, o que significa, de fato, ser livre? Quais as consequências de se ter liberdade para escolher?

Em primeiro lugar, isso parece gerar uma angústia decorrente da solidão da escolha. Por mais que você ouça conselhos de outras pessoas, a tomada de decisão é exclusivamente sua. Você pode consultar divindades, apelar para rituais ou crenças, pedir ajuda para pessoas mais qualificadas, mas não pode responsabilizar os outros por suas escolhas. Você não é obrigado a seguir os palpites de ninguém, nenhuma outra pessoa é responsável pelas suas ações exceto você mesmo – tentar fazer isso é um ato de má-fé, recorda Sartre em *O ser e o nada*. Todas as suas escolhas, em última instância, são suas – tudo começa e termina no humano.

Valores e escolhas

A possibilidade de escolher, mesmo que seja uma ilusão da qual não temos consciência, coloca outra questão: o que é uma *boa escolha*? Claro que, em cada circunstância, a resposta para isso será diferente. No entanto, como vimos, dentro de limites e possibilidades, podemos pensar a respeito.

A primeira delas, talvez, seja mudar a pergunta: em vez de questionar "O que é uma boa escolha?", fazer uma indagação anterior: o que leva você a escolher? Diante de uma decisão, você leva em conta diversos fatores, dos mais racionais até os mais intuitivos. Em geral, uma mistura entre ambos, e as doses variam de acordo com cada pessoa. Mas, principalmente, leva em conta alguns princípios básicos ao redor dos quais você define seu comportamento: seus *valores*.

Em linhas gerais, valores podem ser entendidos como os princípios que levamos em consideração na hora de tomar uma atitude. Geralmente aprendidos desde a infância, são responsáveis, ao menos em parte, por formar quem você é. Como lembra Aristóteles em seu livro *Ética a Nicômaco*, eles passam a fazer parte de você, de seu caráter – em grego, do *ethos*, de onde a palavra moderna "ética" (voltaremos a isso para falar sobre **felicidade** no último capítulo).

Valores são culturalmente definidos de acordo com a época, a sociedade e o grupo onde você vive, e, em boa medida, aprende sem perceber, a partir do que vê e aprende no cotidiano. Os valores de cada época podem ser desafiados, mas não ignorados. A partir deles você define quem é e como imagina conduzir sua vida.

A aplicação dos valores, no entanto, é contextual, e entra aí a liberdade de escolha. Para citar um exemplo de Stephen Cohen, em seu livro *The Nature of Moral Reasoning* (A natureza do raciocínio moral), ainda sem tradução, você sabe que bater nos outros é errado, mas pode, em uma emergência, dar um tapa nas costas de alguém que está engasgado. No entanto, pessoas ou culturas diferentes têm, ou podem ter, valores diferentes.

Como saber, nesse sentido, se os valores que estou usando para tomar uma decisão são corretos?

Você pode, claro, apegar-se aos valores que tem e fazer deles o fundamento de todas as suas decisões. O risco está na palavra "fundamento": ficar distante da esfera da razão e do autoquestionamento, como propõe a filosofia, e próximo do fundamentalismo.

A ética, lembra Timothy Chappell em *Ethics and Experience*, é um critério de tomada de decisões morais, e só existe quando você usa a *razão* para definir quem é. E, por isso, leva em consideração o raciocínio, os afetos e os limites da liberdade.

Um dos desafios do pensamento é, justamente, nos ajudar a questionar qual é o ponto de nossos valores – e, mais ainda, as **verdades** sobre as quais construímos nossos valores. Não por acaso, tema do próximo capítulo.

Apertar ou não um botão

Hospital do Centro Psiquiátrico Nacional. Rio de Janeiro, início de 1944.

Uma jovem médica, Nise da Silveira, uma das primeiras mulheres a se formar em medicina no Brasil, foi admitida para trabalhar em uma das seções. Na época, um dos tratamentos considerados corretos para os pacientes com problemas mentais era com choques elétricos.

Nise chegou à sala de aplicação, onde o médico responsável já a aguardava para iniciar o trabalho com outro paciente. Ela conta o que aconteceu, em um relato a Bernardo Horta em seu livro *Nise, arqueóloga dos mares*: "O médico falou: 'Nise, é só você apertar este botão'. Houve um silêncio. 'Eu não aperto', respondi. Houve novas tentativas de me fazer apertar o botão do eletrochoque, mas eu ficava com a mão suspensa, não conseguia".

O resultado de sua recusa foi a transferência para a Seção de Terapia Ocupacional, vista, como Nise descreve, como um setor "pouco nobre" ou "de segunda categoria" no hospital. Mas ela estava preparada para uma transformação no setor. O conceito foi ampliado, incluindo oficinas, peças de teatro, artes plásticas e pinturas, abrindo caminho, anos depois, para a criação do Museu de Imagens do Inconsciente. Seu trabalho foi conhecido por ninguém menos do que o psicólogo suíço Carl G. Jung que, em 1957, a convidou para visitá-lo em Zurique, onde vivia. A atividade terapêutica da arte, iniciativa de Nise, pode ser vista em seu livro *Imagens do inconsciente.*

Tudo na história de uma escolha. A decisão de apertar ou não um botão.

> **Leituras escolhidas**
>
> ESPINOSA, B. *Ética.* Belo Horizonte: Autêntica, 2016.
>
> _____. *Tratado teológico-político.* São Paulo: Perspectiva, 2014.
>
> NADLER, S. *Um livro forjado no inferno.* São Paulo: Três Estrelas, 2017.
>
> SARTRE, J.-P. *O Ser e o Nada.* Petrópolis: Vozes, 1999.

8

Aprender outras verdades,
duvidar da transparência

O TEMA DA VERDADE É PROVAVELMENTE UM DOS MAIS CONTEMPORÂNEOS. Tem mais ou menos seis mil anos que não paramos de discutir a respeito disso. Falar sobre a verdade é retomar algumas questões fundamentais sobre o conhecimento: existe algo a que se possa chamar de "verdade"? Ela é uma só? Ou várias? É universal ou cada cultura, cada época, tem a sua? E como, se isso é possível, chegar até ela? Pensando na relação com os outros, pode acrescentar algumas perguntas: como *expressar* alguma verdade? Cada vez que falamos, já não estamos modificando a realidade? Não estamos, ao falar, *criando* verdades?

Em quase todas as épocas, filósofos, cientistas e pesquisadores se debruçaram sobre esse tema, e, ao que tudo indica, estamos longe de chegar a algum acordo (o que não deixa de ser bom: respostas únicas costumam ser o caminho mais curto para o dogmatismo). Isso acontece, entre outros fatores, porque cada época também parece criar sua concepção do que é ou não verdadeiro.

A ideia de "verdade", assim como a de **amor** e várias outras, está mais ou menos ligada ao período no qual se desenvolve. E, com o passar do tempo, novos *tipos* de verdade aparecem. Pode parecer estranho, à primeira vista, falar em "tipos de verdade": temos uma tendência a acreditar, quando se fala em "verdade", que ela é e sempre foi uma só – *a* verdade, precedida de um artigo feminino singular.

No entanto, a história do pensamento mostra outro panorama.

A ideia que fazemos de verdade acompanha os conhecimentos disponíveis em cada época, a liberdade de pensamento e as concepções dos diferentes povos, assim como suas disposições emocionais e afetivas.

A mentalidade de cada período parece aceitar noções diferentes do que é ou pode ser verdade.

Para um camponês da Idade Média, o sobrenatural estava entrelaçado com o mundo no qual vivia. Sua verdade era, ao mesmo tempo, religiosa, prática e mágica. O livro de Keith Thomas, *A religião e o declínio da magia*, mostra como houve uma disputa entre duas concepções de verdade, a mágica e a religiosa, ao longo de vários séculos – e terminou em um empate.

Em muitos períodos da história, "verdade" era o que o soberano, ou alguma crença religiosa, chamasse de "verdade". No Império Romano, por exemplo, a palavra de César era não só a expressão da lei, mas também da verdade. Esse tipo de verdade, imposta de cima para baixo, tinha, e ainda tem, como característica principal, ignorar evidências contrárias. Em vez de trazê-las para o debate, são declaradas "erradas" desde o início. Trata-se de um tipo de verdade *dogmática*, quase uma contradição em si mesma.

Outras épocas, no entanto, diminuíram a importância dessa perspectiva ligada ao poder soberano e definiram a verdade como algo a ser baseado em "evidências", do latim *videre*, "aquilo que pode ser visto".

Qual a evidência da verdade?

Uma das primeiras tentativas bem-sucedidas de encontrar a verdade fora dos palácios aconteceu na Grécia antiga, especialmente em Atenas, entre os séculos VI e V a.C. Nesse pequeno período de duzentos anos, os gregos inventaram boa parte do que chamamos hoje de "civilização ocidental", dando-nos algumas das primeiras obras-primas da ciência, da política e da filosofia (as duas últimas palavras, aliás, são de origem grega). Eles criaram a tragédia, a democracia, as olimpíadas e, principalmente, a noção de que a verdade nasce do livre exame das coisas. Estava ao alcance de qualquer pessoa; bastando, para isso, colocar a razão para funcionar.

Isso resolvia um problema (a verdade não estaria mais ligada ao poder) e criava dois (há uma origem para a verdade? temos capacidade de atingi-la?). A resposta para essas duas perguntas criou nossa concepção moderna de "verdade" – com alguns ajustes, é a mesma desde aquela época, dois mil e quinhentos anos atrás.

A primeira dessas noções de verdade chegou até nós por Platão. Bebendo na fonte de outros filósofos, sobretudo em Pitágoras, sua perspectiva coloca a verdade como um intenso exercício da mente. Em seu diálogo *Menon*, Platão mostra seu mestre Sócrates ensinando um jovem escravizado a dobrar a área de um quadrado usando apenas perguntas e respostas. O conhecimento está no uso da mente, basta explorar corretamente as ideias – uma verdade *idealista*.

Mas bastou uma geração para essa concepção ser desafiada – desta vez, por um aluno de Platão, Aristóteles. Sua concepção de verdade era diferente: tratava-se de algo a ser obtido a partir dos sentidos, das percepções vindas do corpo e elaboradas na mente. Sem evidências, nada de verdade. A verdade vinha dos dados concretos. Em grego, "concreto" era *"empíreo"*, de onde vem o nome desse tipo de verdade – o conhecimento *empírico*.

Foram necessários quinze séculos para alguém desafiar esse dualismo – e, ainda assim, parcialmente.

Nas páginas de sua *Crítica da razão pura*, escrita no século XVIII, Immanuel Kant propõe que nosso conhecimento não é baseado *nem* apenas na razão *nem* nos sentidos, mas na elaboração do conhecimento empírico, ou seja, daquele conhecimento que temos pelos nossos sentidos, pela mente (isto, nem de longe, resume as 800 páginas do livro, mas o propósito aqui não é esse). Nessa concepção, a verdade não está nem na pessoa que conhece (o *sujeito*, fonte das ideias) nem naquilo que é conhecido (o *objeto* empírico), mas na razão crítica, isto é, elaborada, de quem conhece, capaz de construir *relações* entre as coisas.

Finalmente, no século XX, algumas filósofas e filósofos começaram a se perguntar se toda essa questão sobre "verdade" não era, de fato, apenas uma questão de linguagem: em seu *Tractactus lógico-philosophicus* e, mais tarde, em suas *Investigações filosóficas*, Ludwig Wittgenstein desafia a pensar se o que chamamos de "verdade" pode ser sequer *dito*: a verdade seria uma elaboração da linguagem, dotada de maior ou menor clareza.

> A linguagem como cultura está, assim, mediando entre eu e eu mesmo; entre o meu eu e os outros eus; entre eu e a natureza. A linguagem está mediando no meu próprio ser.
>
> NGUGI WA THIONG'O. *Decolonizing the Mind*, p. 15.

E, na segunda metade do século, Michel Foucault propõe a ideia de que a verdade é um conjunto de *discursos*, isto é, aquilo que é dito, pensado, escrito e falado sobre um tema em determinado tempo e lugar. Os discursos *instauram* a verdade de cada época, que não deixa de ser uma construção da linguagem.

Para seguir em frente é necessário sair dessa questão linguística e perguntar: existem fenômenos contemporâneos que possam ser designados por essa expressão?

Verdade e simulacro

Anos atrás, um dos autores deste livro viu em uma lanchonete algo intitulado "Pão de Queijo Artesanal – Sem Queijo" e resolveu experimentar. Estava na vitrine do balcão, espaço nobre, pedindo para ser provado. Parecia um pão de queijo. Textura, cor amarelinha, formato, tudo igual. Lembra aquele pão de queijo perfeito – pode usar sua imaginação para pensar nisso. Aliás, estranhamente perfeito. Perfeito *demais*. Até a hora em que você morde, e então nota uma discrepância entre aparência e realidade. Feito com vários outros ingredientes, incluindo creme de leite, não levava queijo. Lembra o pão de queijo em tudo; só não é.

Essa, de alguma maneira, é a essência do que entendemos por simulacro contemporâneo: uma coisa que se parece com outra em absolutamente tudo – exceto por não ser. Aliás, chega a parecer *mais real* do que o elemento original. Quando você chega à materialidade da coisa, ela se esfumaça.

Quem diz isso é Jean Baudrillard, filósofo francês, que nunca usou a expressão "pós-verdade", mas identificava o fenômeno em seu livro *Simulacros e simulações*, publicado em 1981. Um fenômeno antigo, portanto: a substituição do real pelos signos do real. Esse tipo de representação tem como característica principal enganar. Não no sentido necessariamente maldoso, mas para criar uma *outra lógica* entre realidade e representação.

Baudrillard tem uma postura bem pessimista a respeito do simulacro: para ele, trata-se de uma outra ordem de relação entre o que chamamos de "real" e sua "representação". Na ordem do simulacro, a representação tem mais força do que o objeto representado. Uma força tão grande, tão insuportavelmente maior, que chega ao ponto de o real deixar de existir e nos leva a viver exclusivamente na ordem da representação.

O simulacro é a ordem da representação tornada, ou instaurada, como a única possível, na qual o real deixa de existir. Não enquanto mundo concreto, mas no conceito que fazemos disso. A representação se torna tão perfeita, tão absolutamente igual à realidade, que você perde a noção do que é real e o que é representação.

Nesse sentido, o controverso filósofo Slavoj Zizek sugere uma desaparição do "real" dentro de uma ordem em que isso simplesmente não importa mais. O que significa esse desaparecimento do real? Que alguém está nos "manipulando", como poderíamos gostar de imaginar? A substituição do real pela simulação não se instaura na sociedade de cima para baixo de maneira absoluta, mas em nossas relações sociais.

Adaptando seu argumento, tomamos café, mas descafeinado; tomamos leite, mas sem lactose; comemos pão de queijo, na verdade é pão de grãos; comemos o vegetal, mas orgânico. Vamos ao supermercado, batizado novamente de "empório", como se fosse o empório do tempo de nossos bisavós, e ficamos em uma suspensão de felicidade de que estamos comendo um produto cultivado na horta de um antepassado. Somos felizes com a simulação.

O efeito da simulação não está ligado à mídia, ao governo, à ONU ou deriva de qualquer outro lugar, exceto de nosso desejo de participar dessa simulação, de participar dessa ordem do simulacro. Daí que Baudrillard, em 1981, escreve em seu livro *Simulacros e simulações*: "bem-vindos ao deserto do real".

A linguagem mostra, a linguagem esconde

Isso não quer dizer que o simulacro seja "falso". As experiências não são "falsas", e este é um ponto básico do simulacro: não é "falso", só não é verdade. Isso cria uma imensa confusão no nosso sistema cognitivo, acostumado a opor "verdade" e "mentira". Na atualidade, essa polarização é distorcida, criando-se uma terceira ordem entre verdade e mentira, o simulacro: ao mesmo tempo, "é" e "não é".

Alguns usos da linguagem na atualidade mostram essa ambiguidade provocada pelo simulacro. Na escola, você provavelmente aprendeu que a linguagem serve para expressar os pensamentos e falar da realidade. Está certo, mas a linguagem vai além disso: as palavras podem mostrar, mas também podem esconder.

No simulacro, há sutis modificações nas palavras e nas expressões para falar sem dizer nada, ou dizer alguma coisa significando outra. A linguagem, na ordem do simulacro, serve muito mais para esconder e confundir do que para mostrar algo da realidade.

Vemos isso no cotidiano, recheado de exemplos: a empresa não "está falida", mas "passa por uma reestruturação"; a jornada de trabalho não aumenta, é "flexível"; a pessoa não é "demitida", ganha uma "novo desafio no mercado"; "crise" é "oportunidade"; o produto não acabou, foi "descontinuado"; você "economiza" gastando mais, e assim por diante. No simulacro, a linguagem se torna oblíqua. Trata-se de uma refinada ambiguidade cognitiva de alto grau: a linguagem contradiz o que a realidade mostra, procurando desviar o sentido e deixar de lado a contradição.

Se você elimina o real da ordem da representação, está criando a ambiguidade plena.

> O que é impedido por essa insistência em usar padrões paroquiais de transparência como requisito para toda a comunicação? O que a "transparência" mantém obscura?
>
> JUDITH BUTLER. *Gender Trouble*, p. xx (introdução).

Uma das dificuldades contemporâneas é lidar com a ansiedade decorrente dessa constante incerteza. Uma reação comum é a angústia.

O que, em um círculo vicioso, leva a tantas buscas de sentido, procurando um substituto para a ausência de um real no qual poderíamos nos ancorar. Não por acaso, a sociedade moderna tem tantos caminhos para encontrar esse sentido, talvez pela falta de um real para entender o mundo ao redor.

Quando crianças, a relação com a verdade é mais direta. Aprendemos que devemos dizer sempre a verdade, exceto para conseguir o que queremos ou escapar de uma bronca. Não é muito bonito, mas é possível que todos tenhamos feito isso. O aprendizado da verdade é também o aprendizado das condições da verdade.

No entanto, algo fundamental para o desenvolvimento ético do ser humano é *saber que você está mentindo*, ter consciência de que você, em um determinado momento, está deliberadamente falando algo que não existe. Quando mentimos, sabemos onde estamos dentro da polaridade "verdade-mentira". Aos poucos, no cotidiano, ganhamos traquejo social para saber quando falar a verdade e quando mentir.

Até chegar a lógica do simulacro e tirar a âncora de saber quando estamos mentindo ou falando a verdade, se uma informação é verdadeira ou falsa.

No momento em que elimino o real, não posso mais igualar "real" e "verdade", não sei mais em qual registro estou operando. Um trunfo da noção de verdade mediada contemporânea é nos desorganizar psiquicamente para que não saibamos mais em qual registro estamos operando. Nesse sentido, não é "mentira" ou "antiverdade", mas outra ordem de representação que faz com que não saibamos se algo é verdade ou não.

A transparência paradoxal

Os resultados podem ser vistos em um dos sintomas da atualidade, nossa incapacidade de lidar com as informações que chegam até nós. Uma das ilusões contemporâneas é achar que o excesso de informações ou o acesso livre a dados nos torna cidadãs e cidadãos mais bem informados. Ao contrário, a alta quantidade de informação é o domínio por excelência dos problemas do conhecimento contemporâneo. Não é apenas falta de informação que perturba, mas o excesso, diminuindo os critérios para saber ao menos *se existe* uma informação confiável, oposta à errada.

A transparência absoluta é bastante radical. Não é só a dificuldade de se separar "verdade" ou "mentira", mas notar que, no oceano de informações, tudo, potencialmente, *pode ser verdade*.

Uma das características dessa lógica é que não precisamos mais do fato, do acontecimento, para chegar à representação. O fato é *criado* pela representação. A narrativa do acontecimento substitui o acontecimento. Uma narrativa, bem divulgada, pode se tornar verdade. Daí que, ao falarmos de simulacros, estamos falando da substituição do fato pela narração e pela representação do fato.

A verdade em rede permite pegar os elementos que considero importantes, mesmo que sejam díspares e não tenham nada a ver uns com os outros, para juntá-los em uma representação, uma "verdade". Não é um reino da razão, mas das ideias fundamentadas nas evidências mais tênues, fragmentárias, espalhadas, prontas para nos levar a agir em um quadro próximo do fundamentalismo cotidiano.

Nem é uma "antiverdade", mas significa que posso "criar verdades" o quanto quiser, porque o domínio da representação permite mais e mais adições. Sempre é possível acrescentar uma nova verdade.

E como criar verdades? Trabalhando não mais no âmbito da razão, mas no domínio da crença, sustentada a partir da emoção e do afeto.

A época de verdades simuladas é, não por coincidência, uma época fundamentalista. Quando se perde o referencial da verdade, qualquer pessoa que ofereça algo com aparência de verdade pode encontrar quem a ouça. Principalmente se, nesse movimento, a pessoa voltar a apresentar um "real", um "fundamento", essência do fundamentalismo. É o apego a um grupo, geralmente pequeno, de crenças que *não podem ser questionadas* – quando um dos fundamentos do conhecimento é justamente fazer perguntas.

Não acredito porque "sei", creio porque não sei. Eu não "acredito" na Lei da Gravidade: posso passar o resto da vida tentando acreditar em outra coisa, mas ao jogar um corpo para cima ele será atraído pela Terra. Não "creio" que o Sol se levantará amanhã: ele *vai* se levantar amanhã.

E isso não é desmerecer a crença. Crer é uma das qualidades fundamentais da alma humana. Uma das qualidades fundamentais que nos *torna* humanos. Nas proximidades da palavra "crença" e outras parecidas está a ideia de "confiança". Não podemos colocar as coisas de maneira binária em termos de uma razão "certa" e uma crença "errada". Isso seria um binarismo simplista. Trata-se apenas de identificar o domínio de cada elemento, de cada tipo de conhecimento, em nossa vida.

Opinião, ciência e alteridade

Os gregos, aliás, já faziam uma divisão entre tipos de conhecimento. Platão identificava o conhecimento superficial como sendo a *doxa*, fundado na experiência pessoal. O problema é que sua experiência de vida é *uma* em meio a outros bilhões de pessoas. Mas nem sempre a gente se lembra disso: a tendência é achar que seu ponto de vista é *o* ponto de vista.

Em geral, no cotidiano, vemos inúmeros conflitos no domínio da *doxa*: "Comprei este carro", "Ah, mas o outro é melhor"; ou "Crio meu filho desta maneira", "Ah, devia criar de outra", e assim por diante. Esses conflitos podem ser tremendamente desgastantes e são, muitas vezes, inúteis. É muito difícil mudar uma opinião. A *doxa* não admite discussão. Simplesmente porque não pode ser provada.

Costumamos definir nossa opinião como "certa". Em grego, isso está ligado a *ortos*, "direito". Daí o "ortodoxo", pessoa com uma opinião rígida. No cotidiano, muitos de nós tendemos a ser ortodoxos, mesmo sem perceber. Raramente nos colocamos em perspectiva, lembrando que nossa opinião é *uma* entre outras, iguais, melhores, piores. Isso coloca em xeque o direito de dizer para alguém como a pessoa deve agir se ela não me perguntar: minha experiência, única e limitada, não permite generalizar, e menos ainda julgar quem quer que seja.

Em geral, temos soluções fáceis para os problemas dos outros, mas destacamos a complexidade dos nossos. Nesses momentos estamos no registro da *doxa*: é o espaço da vivência e da troca dessas vivências. Não é ruim, mas limitada. Seria necessário um gesto de **empatia** para sair disso.

O outro tipo de conhecimento é o da *episteme*, conhecimento da ciência. A *episteme* tem uma construção lenta, difícil.

A ciência parece mais forte do que a opinião, mas, na realidade, é muito mais frágil. É formada a partir da observação sistemática, autocrítica e constante de evidências, enquanto a opinião, em geral, tende a ser formada rapidamente, ao sabor das impressões. Na *episteme*, é preciso tempo para olhar evidências, organizá-las, questioná-las e questionar a si mesmo como produtor de conhecimento. Esse, aliás, é um dos domínios da Filosofia da Ciência: mostrar os limites e possibilidades. (Claro que, em alguns casos, cientistas, pesquisadoras e pesquisadores podem se apegar às suas teorias e conceitos com a mesma força de nossas opiniões. Mas isso é uma outra discussão.)

No cotidiano, não temos tempo para trabalhar *epistemes*, mas é fácil construir pontos de vista.

No trânsito, por exemplo, bastam alguns segundos para você definir alguém desta ou daquela maneira – em geral, negativa. A mesma pessoa com quem você briga no trânsito, vista em outra circunstância, talvez parecesse gentil, simpática, encantadora.

Essa relação que se instaura no reino dos nossos conhecimentos é muito pequena. A pessoa fechou você no carro, "é malvada". Segurou a porta, é "um amor". Falou algo na internet que você não gostou, ofensas e xingamentos nos comentários. (Nada nos coloca de maneira mais constrangida diante da condição humana do que comentários de internet.) Opinamos sem sequer saber sobre *o que* estamos opinando. Bati os olhos, digo se gostei ou não antes de ter alguma ideia.

O problema é que isso tem consequências. Representações, palavras, conceitos, não são gratuitos: uma vez que eles aparecem, ramificam-se; muitas vezes, para além do controle.

Uma era de transparência e verdade midiática é um desafio para questionar nosso próprio não saber. A reflexão não é difícil, é dura: ela nos obriga a olhar para nós, especialmente para as partes que não gostaríamos de ver.

As verdades e a relação com os outros

A busca pela verdade tem uma dimensão cotidiana na procura de uma vida serena com os outros. Todos os dias, recebemos e passamos adiante inúmeras informações sobre outras pessoas, seja no trabalho, na vida social ou pessoal. Algumas podem ser relevantes para a tomada de decisões, ou mesmo de importância coletiva.

Mas, aqui entre nós, parte considerável delas não tem, propriamente, nenhum sentido. Só falamos pelo prazer de compartilhar algo a respeito dos outros e ver a reação de outras pessoas. Saber, por exemplo, quem está namorando com quem raramente faz alguma diferença, a não ser que algum dos envolvidos esteja namorando com você *também*.

Em boa parte das vezes, a informação é simplesmente compartilhada com os outros pela questionável alegria de ver a reação da pessoa para quem contamos, por criar um certo sentido de confiança e segredo ("Estou contando para *você*, mas não conte para ninguém"), vinculando o *prazer* de compartilhar ao *poder* de ter uma informação dita importante. Cria-se um laço de confidencialidade e, por que não, de dependência: eu *confio* em você e demonstro isso dividindo o segredo de uma terceira pessoa.

Confiar: a palavra vem do latim *"confidentia"*, de onde nossa palavra "confidencial", para falar de algo secreto. Mas note que no meio da palavra está *"fides"*, "fé" em latim. *"Confidere"* está ligado ao ato da *"fides"*, de "ter fé" na outra pessoa. A confiança é um ato de fé: acredito nas pessoas em quem confio. Tenho fé nelas a ponto de dividir algo particular e importante. Quando isso é revelado, há mais do que uma simples quebra de informação: uma estrutura de fé e confiança é abalada. Mas, talvez mais do que revelar informações verdadeiras, ou tão complicado quanto, é outro ponto, talvez mais comum: a invenção a respeito do outro.

Todos os dias compartilhamos informações sem ter certeza de que são verdade. Principalmente porque a noção de "verdade", como vimos, é bastante problemática. E, às vezes, é quase irresistível falar dos outros, contar um segredo de alguém, passar adiante algo que me disseram. A fonte da informação raramente é mencionada: uma boa fofoca começa quase sempre com "Me contaram", "Eu soube"; assim, no impessoal. Mas fica melhor, sem dúvida, começar com: "Você não imagina o que eu vi" – o testemunho garante a veracidade e coloca um tempero especial no que será dito em seguida.

Olhar a fonte de nossos conhecimentos, saber de onde vêm nossas informações, certezas e verdades é um exercício filosófico de serenidade, e começar a pensar: Que sei mesmo? Tenho certeza das minhas verdades? De onde vieram minhas crenças? Aprendi, ouvi falar, li em algum livro? Vi na internet? Quais as consequências que espalhar essa, digamos, "verdade", pode ter?

A *dúvida*, nesse ponto, é um dos primeiros pontos da filosofia. Interrogações, mais do que certezas, parecem dar resultados melhores na vida cotidiana.

Para desconfiar da transparência

BAUDRILLARD, J. *Simulacros e simulações*. Lisboa: Relógio D'Água, 1991.

KEYES, R. *A era da pós-verdade.* Petrópolis: Vozes, 2017.

VATTIMO, G. *Adeus à verdade.* Petrópolis: Vozes, 2015.

9

Colocar a justiça entre o perdão
e a vingança

Thoth, o juiz do Certo e da Verdade no conjunto dos deuses na presença de Osiris, disse: "Aqui está vosso julgamento. O coração de Osiris verdadeiramente foi pesado, e sua alma testemunha por ele; ele considerado verdadeiro na Grande Balança. Nenhuma maldade foi encontrada nele; não disperdiçou a oferenda dos templos; e por nenhuma de suas ações fez mal; e não disse coisas ruins enquanto esteve sobre a Terra".

ESTAS PALAVRAS ESTÃO NO LIVRO DOS MORTOS DO ANTIGO EGITO, ESCRITO HÁ quase três mil e quinhentos anos. A cena mostra o julgamento do escriba Ani logo após sua morte. Thoth, deus da escrita e do alfabeto, está presidindo a sessão. O coração de Ani, colocado em uma balança, deveria pesar menos do que uma pena: a leveza indicaria que ele poderia continuar sua jornada no mundo dos mortos. Um dos primeiros e mais importantes documentos históricos, esse trecho indica que a preocupação com a justiça está presente desde a aurora da humanidade.

A justiça é um ponto especial da relação com os outros. Parte especial da cultura, a ideia de justiça é de tal maneira forte que parece vir de dentro, naturalmente. Aprendemos, ainda crianças, a reconhecer quando algo não está certo. A frase "isso não é justo!" aparece, na infância, quando percebemos uma divisão desigual das coisas, ou quando somos prejudicados. Então reclamamos e queremos mudanças – estamos praticando a ideia de justiça. Decisões arbitrárias, impostas sem maiores explicações, são vistas como erradas, sobretudo quando elas nos afetam negativamente.

(Isso imediatamente coloca um enigma inicial: será que só percebemos injustiças quando elas nos prejudicam? E quando a *injustiça é a nosso favor*, temos o mesmo ímpeto na busca pela justiça? Vamos voltar a essa questão.)

Como acontece com outros conceitos, a noção de justiça tem vários sentidos, de acordo com o modo como é usada. Em linhas gerais, remete à ideia de algum tipo de equilíbrio, mais ou menos próximo da igualdade, entre pessoas. E, na mesma esfera, também à noção de Direito – no caso, o de ser tratado como os outros. Finalmente, está próximo das ideias de normas e leis: uma regra, para ser justa, deve valer igualmente para todas as pessoas em uma mesma condição.

A pergunta sobre a justiça está também na base de muitos sistemas políticos. E poucos temas podem ser vistos no cotidiano com tanta frequência. Da preocupação em receber o troco correto no supermercado até as relações internacionais, passando pelo comportamento do árbitro em competições esportivas, a questão da justiça se espalha, de uma maneira ou de outra, por todas as práticas humanas.

Por isso mesmo, não faltam definições do que é a justiça, desde as mais elaboradas ideias criadas pelo Direito ou pela Filosofia Política até as noções do senso comum.

Uma das mais usadas no cotidiano equivale "justiça" e "igualdade", ou pelo menos a distribuição "igual" de alguma coisa. O justo, nessa concepção, é a distribuição igual de algo, dividido entre todas e todos.

Quando crianças, essa é uma das noções de justiça mais evocadas, com uma perspectiva quase matemática: se há um número x de doces e um número y de crianças, a distribuição "justa" seria x dividido por y, uma quantidade igual para cada uma. Se alguém recebe mais do que os outros, isso é "injusto".

Da mesma maneira, vemos como "injusto" que uma criança maior ou mais forte use de suas capacidades para tirar os doces de outra, menor e mais fraca.

Se isso acontece, busca-se a ajuda de um adulto responsável, que, usando de sua autoridade, restaure a igualdade agindo ao lado do mais fraco contra o forte. Justo, nesse movimento, é garantir o direito da criança menor.

A ideia de justiça como igualdade está ligada à noção de certo equilíbrio entre todas e todos, responsável por garantir igualdade de condições e possibilidades de ação para cada um.

Mas isso cria também alguns problemas.

Interesses diferentes, regras iguais

Primeiro, como conciliar a ideia de justiça com a busca e defesa dos próprios interesses? Seria ingenuidade acreditar que todas e todos são altruístas o tempo todo. Ao contrário, em boa parte das situações, os interesses próprios vêm primeiro, seja na forma de questões pessoais, de um grupo ou mesmo de nações e países.

A justiça, muitas vezes, pode significar uma decisão *contra* o que é vantajoso para você. Por exemplo, se você leva vantagem sobre alguém indevidamente, e, mais para frente, é descoberto e obrigado a devolver o que pegou, a situação pode parecer "injusta" porque contraria seus interesses. Há um conflito entre interesse e justiça, e não deixa de ser também uma disputa de poder.

Historicamente, a defesa dos interesses costumava ser feita na base da força bruta, valendo o direito do mais forte. Esse tipo de comportamento torna a vida em sociedade muito difícil. No lugar da lei, existe apenas o domínio da violência, o principal parâmetro para se conseguir alguma coisa. (Seria ótimo dizer que isto não acontece mais, mas essa é a situação de milhares de pessoas ao redor do mundo.)

Escrevendo no século XVIII, o filósofo inglês Thomas Hobbes chamou isso de "estado de natureza", no livro *O leviatã*. Hobbes descreve essa situação como a "guerra de todos contra todos", na qual cada ser humano é o predador dos outros – ou, como diz, *"homo homini lúpus"*, "o homem é o lobo do homem".

Hobbes, assim como outros filósofos de sua época, propõe uma solução bastante radical: para sair dessa situação, cada pessoa deve abrir mão de uma parte de sua liberdade, cedendo alguns direitos – por exemplo, o direito de resolver tudo com as próprias mãos – para um soberano. Por pior que seja um governo, pensando com Hobbes, ainda assim é melhor do que nenhum. Dessa resposta para a tirania é apenas um passo. Não é muito diferente, infelizmente, do que aconteceu com muitos povos na história: para evitar a luta de todos contra todos, foram instituídas leis duras, que desencorajavam qualquer atitude de violência.

Um dos exemplos mais conhecidos é o Código de Hamurábi, criado na antiga Mesopotâmia, por volta do século XVIII a.C. Esse conjunto de leis instituiu uma ideia de justiça baseada na equivalência entre o delito e sua punição: quem ferisse alguém, por exemplo, seria ferido da mesma maneira – é o sentido, usado até hoje, da expressão "olho por olho, dente por dente". Códigos semelhantes foram desenvolvidos por diversos outros povos. De certa maneira, esse tipo de lei garantia o equilíbrio pelo medo recíproco do que poderia acontecer.

A justiça como racionalidade

Para sorte nossa, outras soluções foram desenvolvidas ao longo do tempo.

Os antigos gregos parecem ter sido os primeiros a formular uma ideia de justiça baseada na razão. Até então, ao que tudo indica, a ideia de "lei" estava atrelada sobretudo às questões religiosas: as leis eram entendidas como ordens de divindades, e não havia muito o que discutir a respeito delas.

Na Grécia esse conceito foi radicalmente transformado: a justiça não era mais obra dos deuses, mas resultado de ações humanas. Atos humanos seriam julgados por seres humanos, em uma assembleia na qual qualquer pessoa poderia participar do julgamento de outra ("qualquer pessoa", bem entendido: se você fosse homem, grego, maior de 18 anos, livre).

Apesar dos problemas e das falhas desses sistemas, pelo menos uma inovação foi fundamental: a noção de que a *justiça*, não a *força*, deve decidir quem está certo ou errado. Mais ainda, o julgamento era feito *entre pessoas iguais*, em condições de igualdade perante a lei. Não havia mais o apelo à divindade como juiz: os deuses estavam recolhidos ao Olimpo brincando de mitologia, obrigado. A palavra grega *"dike"*, "justiça", representa essa mudança de perspectiva: não se trata de uma lei divina, mas de regras criadas pela sociedade – ou, pelo menos, parte dela.

No estado democrático de direito, a lei deve estar acima de todas e todos os cidadãos. O fato de alguém nascer, digamos, no Brasil, coloca imediatamente sob o âmbito da Constituição Federal e de outras leis, como o Código Civil e o Código Penal. Os gregos trouxeram a ideia da *racionalidade* do direito e da justiça e, principalmente, a noção de que as leis, normas e regras de uma cidade – em grego, *"polis"*, de onde nossa palavra "política" – valem para todas e todos.

Regras e normas

Regras e normas são um dos fundamentos da vida em sociedade. Poderíamos ir mais longe e dizer, com alguma margem de risco, que estão na base do que costumamos chamar de civilização. Aliás, a palavra "civilização" vem do latim *"civilitas"*, e se refere a ideia de uma vida em comum pautada na convivência, na tolerância e no respeito – algo expresso até hoje na palavra "civilidade".

Uma característica das sociedades democráticas é a recusa do uso constante da força, geralmente movida de acordo com os caprichos de quem está no poder, e estipular algum tipo de acordo para a vida em comunidade. As regras do bem-viver juntas passam por esse senso compartilhado de responder a algo em comum.

A palavra "regra" vem do latim *regula*, próximo da ideia de "medida" – também na raiz de "régua". Poderia ser entendida como uma espécie de "medida comum" para várias as pessoas. Não há vida comum sem alguma regra ou medida. Da intimidade de um casal até as relações entre povos e países, a existência de regras é um dos fatores responsáveis que permite a convivência. Na vida a dois, por exemplo, costumam ser estabelecidas algumas medidas para ambos – quase nunca de maneira direta e clara, mas elas estão lá. As regras práticas da vida em comum tornam a convivência mais harmoniosa (ou, no limite oposto, suportável).

Essas regras e medidas valem, com mais força, quando elaboradas pelas pessoas envolvidas. É o que se chama de *legitimidade*, isto é, o direito reconhecido de alguma coisa ser como é. Quando você é responsável por colaborar com a criação das normas ou leis de um grupo, sente que essas regras são mais válidas do que um conjunto de normas imposto por outra pessoa. A legitimidade da situação costuma ser maior quando obedecemos às regras que ajudamos a criar. Não por acaso, no final de seu livro *O contrato social*, Jean-Jacques Rousseau define que "a obediência às regras do grupo é liberdade".

Um dos princípios da filosofia política democrática, aliás, é a possibilidade, ao menos em teoria, de qualquer um participar da elaboração das regras que vão organizar sua vida.

Nenhuma lei, regra ou norma, segundo esse ponto de vista, é um dogma, com validade eterna. Foram elaboradas por seres humanos e podem ser modificadas por outras pessoas. A responsabilidade por elaborar os princípios de vida em sociedade, para os gregos, era sinal de maturidade: participar da vida política da cidade era considerada a mais nobre das atividades, porque lidava com a liberdade e o senso de comunidade.

Mas não precisamos recuar tanto para entender isso. Crianças, em geral, costumam questionar a razão das normas e, principalmente, das proibições, mas adultos nem sempre estão dispostos a explicar. Nesse momento, a regra deixa de ser um acordo e se torna, aos olhos da criança pelo menos, mera imposição. E não é difícil encontrar episódios da infância quando, recebendo uma ordem sem maiores explicações, você sentia que algo estava errado – alguma regra estava sendo quebrada pelo adulto: Por que ele podia e você não?

Talvez você não soubesse, mas estava experimentando um sentido de justiça. Como lembra o cientista político norte-americano Robert Dahl no livro *After the Revolution*, mesmo em uma sociedade democrática, parte das instituições *não são democráticas*, e isso dificulta a compreensão do valor de normas e leis.

Justiça e liberdade

Mas por que, então, falar de regras, leis e normas costuma ser difícil? Para ser mais franco, por que elas parecem tão chatas? Muitas vezes, elas vêm simplesmente bloquear ou obstruir nossas ações. Você quer fazer alguma coisa, mas a regra não permite, a norma não deixa, a lei não aprova.

Por que obedecer uma regra? Essa pergunta fica ainda mais precisa quando notamos, no cotidiano, as incontáveis vezes em que regras são quebradas ou desobedecidas – isso quando a própria ideia de "regra" não desaparece. Sob esse ponto de vista, regras seriam o contrário da liberdade.

No entanto, se você olhar a questão mais de perto, vai notar algo diferente, e podemos fazer uma proposta mais ousada: regras, normas e leis são o fundamento da liberdade na vida com os outros. Realmente, à primeira vista, parecem tolher movimentos dizendo, de maneira mais ou menos rígida, o que pode ser feito ou não.

Isso parece atrapalhar muito, sem dúvida, quando você tem algo urgente a resolver e precisa enfrentar o rosto visível das regras. Mas basta sair por um minuto da esfera pessoal para perceber que, sem regra, norma ou lei, a vida em sociedade seria impossível. Haveria exclusivamente o domínio dos mais fortes, de acordo com decisões arbitrárias, sem a menor chance. Regras são um dos fundamentos para a autonomia e liberdade de todas e todos dentro de uma sociedade – *um* dos fundamentos, bem entendido, não o único.

> É o rosto do outro que convoca à responsabilidade; sua existência, talvez pobre e sem voz, invoca a justiça e exige a assunção de responsabilidade, na relação face a face e no terreno político e social.
> GABRIELLA BIANCO.
> *Epistemología del diálogo*, p. 90.

Regras têm seus limites, e reconhecer isso é necessário para a vida em comum. Sozinhas, leis podem ser um caminho para o domínio arbitrário e despótico de uns sobre outros. Por isso mesmo, não existem isoladamente, mas dentro de um conjunto de outras práticas, ideias e discussões, isto é, sua *interpretação*. Sem acordo sobre minha relação com o outro não existe "relação", apenas poder e dominação.

Os limites para a ação de cada um garantem, paradoxalmente, a liberdade de todas e todos. Bastaria que um único indivíduo tivesse liberdade total para que a noção de "liberdade" terminasse: se somente uma pessoa pode dar as cartas, a liberdade de todas as outras foi eliminada – é o princípio da tirania. Justamente para que isso não aconteça, são estipulados limites de ação e de poder, de maneira que ninguém possa ter domínio absoluto.

Isso leva a outra pergunta: *quem* determina esses limites?

O desafio da sociedade pluralista

Em um seminário sobre política na Universidade de East Anglia, anos atrás, a Professora Barbara Goodwin propôs uma maneira de distinguir um discurso democrático de sua contrapartida fundamentalista. "No discurso democrático", disse a professora, "penso em termos de: 'Não concordo com a opinião dessa pessoa e vou tentar fazê-la mudar de ideia', enquanto que no fundamentalismo a questão é: 'Esta pessoa está errada e vou mostrar a ela a verdade'".

Em linhas gerais, o discurso democrático se reconhece como provisório e aberto à discussão: opiniões diferentes não deixam de ser opiniões. O desacordo sobre um ponto não significa que não se possa entrar em acordo sobre outros. Não é porque você pensa diferente de outra pessoa que vocês são inimigos.

Nas sociedades pluralistas, pessoas entendem o mundo de maneira diferente. Discordam a respeito das concepções mais elementares sobre a vida humana, seu passado e propósito. Não acreditam nas mesmas coisas, e até a noção de crença difere de uma pessoa para outra. Dão importância diferente para os objetos, as situações, atitudes e acontecimentos. Em termos de identidade, pertencem aos mais variados grupos – adeptos de uma religião, torcedores de um time, empregados de uma empresa, tem amigos e família.

Mas, subjetivamente, ninguém encaixa todos esses termos da mesma maneira.

Ao contrário, cada pessoa reúne esses componentes da identidade em uma mistura que só faz sentido aos seus olhos – às vezes, nem isso. Algumas pessoas, partindo de *uma* característica da outra, deduzem e imaginam uma série de atitudes que, na visão *delas*, deveriam ser "coerentes".

O problema é que não somos seres lógicos e coerentes – e ainda bem, porque isso provavelmente seria o tédio infinito nas relações humanas. Pontos de vista a respeito da realidade, da vida política e econômica frequentemente se chocam com os de outras pessoas, às vezes até mesmo das mais próximas.

Na raiz latina, *"alter"* se refere a um "outro". Mas não é a única palavra para definir outras pessoas: existe também *"alien"*, "o que está fora" ou "o estrangeiro", com conotações políticas referentes ao grego *"xenos"*, definição historicamente carregada de sentidos negativos, como em "xenofobia".

A situação de estar "fora" não se refere exclusivamente às fronteiras geográficas, mas se instaura igualmente entre aqueles que pertencem a um mesmo espaço ou grupo e quem *não* pertence e está excluído. Em termos ainda mais restritos, estamos falando da relação entre alteridade e diferença, o "semelhante dessemelhante", como recorda o escritor Octávio Paz.

Viver juntos

No entanto, apesar de todas as diferenças, há um desafio cotidiano a cumprir: temos que viver juntos e decidir nossa vida comum.

Nem sempre foi assim. Durante muito tempo, a visão dos governantes era *a* concepção, e todas as outras estavam erradas, independentemente de suas justificativas ou motivações. Todos falavam a mesma língua, seguiam a mesma religião, acreditavam nas mesmas coisas. A cultura, de maneira geral, era vista como única, *singular*.

Quem desafiasse esse padrão era considerado estranho. A diferença, em geral, era considerada, na melhor das hipóteses, como *erro* a ser corrigido – na pior, era vista como um *problema* a ser corrigido. Em última instância, pela punição ou exílio.

A Modernidade, a partir do século XVIII (embora essas datas sejam sempre questionáveis), inaugurou outro panorama. Apesar de todas as suas muitas falhas, a Modernidade recuperou ideias importantes como democracia, tolerância, respeito à diferença e a necessidade de conviver com os outros.

Em qualquer grande cidade há pessoas de diversas nacionalidades, inúmeras crenças, gostos e preferências diferentes. Todas procurando viver umas com as outras, apesar das outras, junto com as outras. Cada uma, em suas comunidades, compartilha os problemas e desafios de todas as outras, mantendo traços de sua identidade, dialogando com outras. É o que se chama de uma sociedade *pluralista*. Diferenças individuais e de grupo estão sempre em tensão com o fato de que alguns problemas são iguais.

Quando você está esperando no ponto e o ônibus atrasa, as outras pessoas compartilham o mesmo problema, sejam evangélicas, corinthianas, budistas e guitarristas de *heavy metal*. Se há um alagamento, jovens *trainees*, cantores de ópera e filósofas podem ficar ilhados. Na hora de viver juntos, há problemas comuns a enfrentar e, nesse caso, você precisa lidar com diferentes concepções tendo em vista um bem comum – e o problema começa porque sequer nossa definição de "bem comum" costuma ser a mesma.

Uma sociedade pluralista é a constante tentativa de equilibrar a liberdade e as diferenças com a igualdade e os problemas comuns. Não existe uma solução para isso, e o mais próximo do que chegamos é um *encaminhamento* da questão inventado na Grécia, há mais ou menos 2.500 anos, a democracia.

Democracia não é, como às vezes se pode imaginar, o fato de todos concordarem: ao contrário, democracia está ligada às possibilidade de trocar pontos de vista diferentes para se chegar a algum tipo de *entendimento*. Para o filósofo alemão Jürgen Habermas, o objetivo das discussões, na democracia, não é *vencer* o outro e, muito menos, silenciá-lo: isso seria apenas a imposição de um ponto de vista.

A democracia é pautada no diálogo, na conversação que busca um entendimento a respeito de problemas comuns. Uma sociedade pluralista se equilibra na possibilidade de lidar com a igualdade de problemas e a diferença de abordagens. Grupos diferentes, com visões diferentes sobre a realidade e concepções específicas a respeito do mundo devem viver juntos e, para isso, precisam chegar a um mínimo de entendimento.

A justiça na relação com o outro

Por mais racionais que sejamos, interesses e emoções influenciam em nossos julgamentos. Em um jogo de futebol, por exemplo, o juiz está "certo" se seu time é beneficiado; "injusto", caso contrário. Se você é torcedor do Náutico em um jogo decisivo contra o Londrina, qualquer apito *contra* o time paranaense está certo – sob seu ponto de vista. Para assumir e dizer que um juiz errou *a favor* de minha equipe é necessário algo muito difícil: o *distanciamento* em relação ao que aconteceu. E, aqui entre nós, como falar em "distanciamento" quando algo mexe com as nossas emoções e sentimentos? É quase impossível se manter distante quando um assunto interessa diretamente.

Nesse momento surge um impasse: se, em uma disputa, as duas partes não conseguem ver além de seus interesses, influenciados por suas emoções e preocupações, como poderia existir qualquer tipo de justiça?

Na prática, cada uma continuaria com seu ponto de vista e, se algo radicalizasse, não é difícil imaginar que a situação terminaria em briga. Seria necessária uma dose sobre-humana de **empatia** para ir além dos próprios interesses e observar a situação do ponto de vista do outro.

É aí que surge o parâmetro fundamental da justiça, em termos da relação com o outro: a terceira pessoa. Para Emmanuel Lévinas, o *terceiro* é a garantia da relação com a alteridade. Quando falamos em "terceira pessoa", a referência é alguém estranho às duas outras, de maneira a conseguir distância o suficiente para, sem se envolver, chegar a alguma solução.

O senso de justiça, para Lévinas, nasce da existência dessa terceira pessoa. Nessa condição, temos a possibilidade de ver com maior clareza aquilo que as duas partes envolvidas não conseguem enxergar. Daí a noção de uma *impessoalidade* da justiça: conflitos não podem ser resolvidos senão por uma terceira pessoa. A partir de sua presença é possível chegar a um dos princípios da justiça na relação com o outro.

Ou, no senso comum, "Conversando, a gente se entende". E, para isso, vale conhecer outro ponto de vista.

O entendimento para a justiça

Em suas obras, o filósofo alemão Jürgen Habermas propõe uma ideia ousada: a democracia, em todas as esferas da vida em comum, tem como fundamento o entendimento. Isso só é possível se cada pessoa estiver aberta e disposta a entender o outro. Sobretudo, disposta a fazer esse gesto difícil, quase impossível, de sair de seus interesses imediatos e, antes de pensar em si, pensar no "nós".

Imediatamente aparece a pergunta: em que mundo ele vive no qual seres humanos estão dispostos a ter esse tipo de abertura? Desde quando alguém abre mão de seus interesses para pensar nos outros? Como diz o político James Madison em um artigo do livro *O federalista*, se todas as pessoas fossem anjos, não precisaríamos de leis. Não somos anjos, e Habermas sabe disso: como não estamos sempre dispostos a jogar limpo em uma discussão, é necessário estabelecer regras para o entendimento.

E, para isso, precisamos retomar o único ponto comum entre todas e todos nós: a razão. Somos capazes de discutir racionalmente qualquer assunto se fizermos o esforço para conseguir, durante um tempo, diminuir o espaço das nossas paixões envolvidas. Isso pode ser bem difícil e, no entanto, é um dos fundamentos de qualquer debate democrático.

A discussão regida pelas paixões raramente tem outro final além do conflito. Discutir no âmbito emocional não costuma gerar nenhuma ação em comum, seja entre países, seja em uma relação pessoal. Se você já começar ofendendo o oponente, ou se entra em uma discussão sem a menor disposição para mudar de ponto de vista, não há diálogo, não há entendimento. A tendência é seguir uma espiral de agressões mútuas. A certa altura, não se trata mais de defender um ponto de vista, mas simplesmente *ganhar a discussão* – às vezes você nem lembra exatamente porque está discutindo.

A vida em sociedade, como vimos, exige que decisões sejam tomadas em conjunto. Quando algo afeta o todo, é necessário se chegar a algum tipo de entendimento do que fazer. Em um edifício, por exemplo, cada moradora ou morador precisa, ou pelo menos pode, participar das decisões que vão afetar a vida de todos. Para isso, em uma reunião de condomínio, é necessário um mínimo de entendimento a respeito do que será feito.

Mas o que significa, na prática, "discutir racionalmente"? Em geral, a ideia de "discussão" costuma estar a um passo da briga, quando não da violência. A discussão racional tem como objetivo justamente desmantelar uma briga antes que se chegue à violência. Isso requer saber a hora e o momento certo. Uma conversa voltada para o entendimento tem algumas condições, e Habermas propõe alguns princípios:

1) *Igualdade* – A discussão precisa acontecer entre iguais. Onde há desigualdade de poder não existe entendimento: o mais forte vai impor sua vontade. Por isso, é preciso o *fortalecimento* de pessoas e grupos para chegar a um diálogo.

E *reconhecimento* mútuo: se, de antemão, você desconsidera seu adversário – "não discuto com pessoas como você" – a conversa falhou antes de começar.

2) *Validade* – Usar argumentos que possam ser aceitos pelas partes. Em uma sociedade pluralista, na qual pessoas e grupos têm crenças e ideias muito diferentes, é necessário encontrar argumentos válidos para todos. Não posso, por exemplo, usar argumentos religiosos em uma discussão sobre saúde porque nem todas as pessoas seguem a mesma religião, mas, é possível usar argumentos da medicina ou da biologia.

3) *Abertura* – Para se chegar ao entendimento é preciso estar disposto a ceder, ou, em alguns casos, mudar de opinião. Deve existir uma *predisposição* para o diálogo, uma abertura para a outros argumentos. Quando você entra em uma discussão apenas para vencer a qualquer custo não há entendimento. O oponente não é inimigo: ele pensa de maneira diferente, e é possível compreender suas razões.

A ideia de justiça, neste caso, está ligada, metaforicamente, à **voz** e **escuta** do outro. Quando conseguimos estabelecer essa relação construímos algo *comum*, pautado na ideia de que a troca de argumentos é um ponto entre vários para viver com os outros de maneira justa.

O perdão na esfera da justiça

Para algumas pessoas, perdoar é um sinal de fraqueza. Mas poucas coisas revelam mais a força de alguém do que o ato de perdoar. Perdão, em uma perspectiva que dialoga com Nietzsche, é um imenso ato de *força*, não necessariamente de **amor** ou outro sentimento generoso. O ato de perdoar é uma ação, ao mesmo tempo, de recusa e de doação. É uma renúncia ao prazer da vingança, um dos impulsos mais fortes do ser humano. E uma maneira de se abrir portas para conseguir justiça, entendida como *reparação*, não como *vingança*.

> Perdoar (sem dúvida uma das grandes capacidades humanas e, talvez, a mais ousada das ações do homem, já que tenta alcançar o aparentemente impossível – desfazer o que foi feito – e tem êxito em instaurar um novo começo onde tudo parecia ter chegado ao fim).
>
> HANNAH ARENDT.
> *A dignidade da política*, p. 39.

Alimentado pelo ressentimento, você não busca a justiça, mas a retaliação. Isso leva ao círculo vicioso de, por ter sido vítima do mal, devolvê-lo na mesma proporção. A pessoa de quem você se vinga também não vai deixar as coisas terminarem por aí. Vai buscar também dar o troco, e aí não há espaço para a justiça.

Isso não significa, de maneira alguma, um sentido de perdão baseado na ideia de tudo aceitar, tudo entender, tudo justificar. O ato de perdão não é uma justificativa do mal. É um caminho para trabalhar o mal de maneira que não alimente o circuito da violência. O combate da violência com mais violência gera um trilha perigosa, que em última instância só termina com a aniquilação de um dos lados.

Com isso, chega-se perigosamente perto de se cometer um crime para punir outro. Um paradoxo: você se torna aquilo que queria combater. Tempos atrás, em um *cartoon* circulando na internet, um menino pergunta para o pai: "Pai, e se matarmos todas as pessoas ruins?" A resposta era: "Só sobrarão os assassinos, meu filho".

O ato de perdão é um caminho para a retomada da justiça, na qual a punição do mal não tem mais o sentido emocional e pessoal de "fazer justiça com as próprias mãos", mas de trabalhar dentro das normas e leis do grupo. A racionalidade da justiça busca criar possibilidades centradas nas *regras*, não nas pessoas (sem desconsiderar, é claro, suas singularidades).

Talvez seja a partir daí que se possa falar em direitos, como algo acima do meu desejo pessoal de retaliação quando sofro alguma coisa. Porque esse desejo é forte, sem dúvida, mas quando me submeto a ele, não consigo justiça, apenas o próximo ato de violência.

Exatamente por ser difícil, o perdão é uma *meta*, mas também um *meio* para se chegar ao sentido da justiça. A palavra *perdoar* tem, em si, a palavra "doar" (e isso vale no inglês *"for-give"*, no espanhol *"per-donar"* e no francês *"par-donner"*). O ato de perdoar está ligado à ideia de doar uma oportunidade, uma chance – doar o sentimento de retribuição na expectativa da justiça.

Em seu aspecto positivo, a noção de expectativa está em outro aspecto de nossos laços sociais: sermos gratos a alguém.

A gratidão e o laço de solidariedade

Compreender não significa justificar. A compreensão não desculpa nem acusa. Favorece o juízo intelectual, mas não impede a condenação moral. Não leva à impossibilidade de julgar, mas à necessidade de complexificar nosso julgamento.

EDGAR MORIN. *O Método* – Vol. 6: Ética, p. 121.

O sentimento de gratidão, embora ligado aos nossos estados psíquicos e emocionais, tem um aspecto decisivo na vida social. Agradecer a outra pessoa significa mostrar o *reconhecimento* por alguma coisa feita ou recebida além do esperado. Não estamos falando apenas do sentido da polidez: às vezes você diz "Muito obrigado" em situações sociais sem estar, de fato, reconhecendo alguma coisa, mas por educação. Importante, sem dúvida, mas não é a esse sentido que nos referimos.

A ideia de gratidão revela o reconhecimento por algo *a mais* que recebemos e que, de certa maneira, não precisaria ter sido dado a nós. O agradecimento indica que estamos reconhecendo que outra pessoa fez algo *gratuito* por nós, algo que ela não tinha a obrigação de fazer. Podemos entender melhor isso lembrando que a gratidão está ligada, em muitos casos, a algo que recebemos *grátis*.

Não por acaso, a palavra "grátis" está ligada à "graça": a gratidão é o sentimento de reciprocidade e reconhecimento que temos pelos outros quando recebemos uma "graça". Essa palavra pode ter ressonâncias religiosas, mas significa, originalmente, algo concedido por uma pessoa, em geral mais poderosa, simplesmente por sua decisão – daí a expressão "cair nas graças" de alguém. O sentimento de gratidão surge quando você recebe algo *a mais* do que aquilo que é tratado ou esperado. Diante de uma gentileza, por exemplo, o sentimento é de reconhecimento pelo elemento gratuito presente aí. Gratuito, feito "de graça", além da esfera mais comum das trocas e dos interesses.

Nesse sentido, podemos aproximar o sentimento de gratidão da esfera da justiça. Ao dizer "obrigado" para alguém, você está sendo justo de reconhecer o que ela fez e, com isso, reestabelece a equidade das relações com a pessoa. O agradecimento é uma questão de justiça com a pessoa que fez algo gratuito por você: ao agradecer, está sendo justo com sua atitude de extrapolar algo que não precisaria necessariamente ter sido feito.

A rigor, quando falamos "Obrigado" para alguém, estamos de fato dizendo para "reconhecemos o sentido gratuito de sua ação e fazemos justiça a ele ou ela reconhecendo sua atitude" (embora seja impraticável dizer isso tudo cada vez que alguém é gentil com a gente).

O sentido de dizer "Obrigado" indica esse momento entre aceitar a obrigação de reconhecer a graça e expressar a gratidão – daí seus correlatos na linguagem comum, embora aparentemente menos usados, como "Muito grato" ou "Muito agradecido".

A partir disso, a relação entre as pessoas está novamente equilibrada, e é possível uma retomada das relações em pé de igualdade. Essa sensação de restauração do sentido de equidade da vida social é importante para a manutenção dos laços entre as pessoas. Daí o sentimento de alívio, em termos sociais, que algumas pessoas podem sentir quando agradecem, mas também quando se desculpam ou pedem *perdão*: trata-se do reconhecimento de um desequilíbrio seguido da atitude de restauração.

Isso coloca todos os envolvidos no mesmo patamar, mas exige, antes de tudo, um *gesto* na direção do outro. Somente depois disso aparece o sentimento de encerramento da questão – muito parecido com o que sentimos depois de pagar um boleto, por exemplo. Não devemos mais nada.

Ao que tudo indica, foi o antropológo francês Marcel Mauss, em um texto intitulado *Ensaio sobre a dádiva*, quem pela primeira vez falou do valor social de dar e receber presentes, e das implicações de gratidão correspondentes. Mauss mostra como a troca de presentes é um dos pontos fundamentais da vida em sociedade, no sentido de construir e reforçar os laços entre os participantes dessa permuta.

A *dádiva*, isto é, o presente, é dado com uma expectativa de retribuição, começando pelo sentido do agradecimento e pela chance de fazer o mesmo no momento oportuno. *Espera-se* que a pessoa faça isso: você tem *fé* que ela faria o mesmo por você – e "fé", como já falamos, vem do latim *"fides"*, presente em *"confidentia"*, "confiança": você confia nas pessoas com quem troca as coisas, e essa confiança mútua é um dos sentidos da vida em sociedade.

Na gratidão, assim como no perdão, está relacionado um sentido de *reciprocidade*: espera-se algo do outro, confia-se nele, e o cumprimento constante dessas expectativas mútuas auxilia a manter os laços sociais e, mais ainda, o sentido de pertencer a um grupo.

Daí também uma das origens do sentimento negativo quando você faz algo para outra pessoa e ela não agradece: você pode perceber isso como uma injustiça em relação à sua atitude, e a falta de reconhecimento como indício da pouca importância atribuída a você.

Do mesmo modo, quando você faz algo por obrigação, lei, acordo ou interesse, não está na esfera da gratidão. Pode, claro, dizer "obrigado" quando recebe o pagamento por algum trabalho, mas está sendo educado, não verdadeiramente grato. Afinal, a pessoa está cumprindo sua parte em um acordo, assim como você cumpriu a sua realizando bem seu trabalho. Podem ficar mutuamente felizes, realizados, contentes, mas não houve nada de *gratuito* nessa situação.

A diferença central é a ideia de *cobrança*: se não fizer seu trabalho, ou a pessoa não pagar, tanto um quanto outro pode cobrar e exigir o cumprimento do acordo. Em última instância, chega-se à esfera jurídica e alguém abre um processo.

Na gratidão não há cobrança. Aliás, nada mata mais o sentimento de gratidão do que cobrar isso – por exemplo, em frases como "Você deve tudo a mim". Ao dizer isso, a pessoa já recebeu sua compensação; seu, digamos, "agradecimento" pelo que fez, e, paradoxalmente, ninguém deve mais nada a ela.

Recebemos algo, digamos, uma gentileza, um cumprimento, um bem, e, ao agradecer, não apenas reconhecemos isso, mas também estamos mostrando nossa intenção de reestabelecer o equilíbrio de relações após aquele gesto, sem que uma pessoa fique credora ou devedora da outra.

Quando você recebe algo grátis, há um desequilíbrio momentâneo na igualdade das relações sociais. Para restaurar o equilíbrio entre as partes, ou você *recusa* o que é de graça ou *reconhece* e, imediatamente, retribui com o agradecimento – você está *obrigado* à gratidão. Isso restaura a igualdade de condições, porque o que é dado gratuitamente cria uma relação, por mínima que seja, de dependência entre as partes.

Uma vez feito o agradecimento, no entanto, não há mais nada em jogo. Até porque, se a pessoa que deu algo de graça fizer qualquer menção a isso, espere algo em troca ou, pior ainda, *exija*, ela está quebrando o acordo tácito, ao menos na cultura ocidental, relacionado à ideia do que é "gratuito": se é grátis, está dado, foi agradecido, o caso está encerrado. (Daí a desconfiança possível quando recebemos brindes ou benefícios não solicitados; eles raramente são, de fato, "gratuitos", mas exigem uma contrapartida de alguma natureza.)

A visão de mundo do outro

O respeito à visão de mundo do outro é um dos princípios de uma sociedade pluralista. O respeito ao seu modo de vida, na medida em que não interfira no meu ou no dos outros, é outra cláusula inicial. O princípio de respeito na sociedade pluralista pode ser definido de maneira relativamente simples: se não prejudica ninguém, a vida da outra pessoa é problema dela. O modo como arruma seu cabelo, seus gostos musicais, comida preferida, time, religião, vida afetiva e outras questões particulares simplesmente *não são da minha conta*.

Isso não significa, por outro lado, ignorar questões da vida pessoal. Elas passam à *esfera pública* quando se tornam de *interesse público*; isto é, dizem respeito a questões comuns. Nem toda conversação a respeito dos outros é em sentido negativo. Falar sobre alguém não significa sempre "falar mal": podemos compartilhar experiências, aprender com as atitudes e vivências, tomar outras pessoas como exemplos para nós e para os outros. A experiência do outro, compartilhada em nossas conversas, ajuda muitas vezes a situar nossas próprias vivências – a ver e dar nome, por exemplo, para situações que vivemos mas não reconhecíamos.

Para retomar um exemplo de nosso livro anterior, *Ética, mídia e comunicação*, se uma amiga sua termina seu namoro, isso é problema dela; como amiga, você fica na torcida para que no próximo relacionamento a pessoa seja melhor. Mas, se ela acaba o relacionamento porque vinha sofrendo diversas formas de violência física ou psíquica em uma situação de **vulnerabilidade**, a questão se torna pública: ela não é a primeira mulher a sofrer isso, e seu caso é o de outras pessoas. Vai da esfera individual para a pública.

O princípio moderno de tolerância está no respeito à *esfera particular* de cada um. Se levássemos mais a sério essa proposta da Modernidade, talvez não precisássemos de tantos comentários negativos a respeito da vida dos outros: basta alguém postar uma foto em uma rede social para iniciarmos um julgamento público baseado no que achamos correto, em nossos *fundamentos*, aos quais nos agarramos para justificar até o injustificável. Não por acaso, o *fundamentalismo*.

A Modernidade traz uma perspectiva complexa: visões de mundo diferentes podem, em alguma medida, *coexistir*. O desafio de todos os dias.

Para ler sobre o tema

MAUSS, M. *Ensaio sobre a dádiva*. Lisboa: Ed. 70, 2003.

MORIN, E. *O método* – Vol. 6: Ética. Porto Alegre: Sulina, 2013.

VALCARCEL, A. *A memória, a justiça, o perdão*. São Paulo: Sesc, 2017.

10

Ver os sentidos do amor e
da amizade

QUANTAS CANÇÕES DE AMOR VOCÊ JÁ OUVIU? DE ANIMADAS MÚSICAS ESTILO *pop-rock* até óperas e sinfonias completas, nenhuma outra emoção humana inspirou tantas músicas. E, claro, também as outras artes, a literatura e até a filosofia. Emoções são uma das matérias-primas da estética, mas poucas delas parecem capturar a imaginação como as peripécias derivadas do amor.

Mesmo quando outras emoções entram em cena, geralmente estão em conexão com o amor: tristeza porque a pessoa foi embora, ciúme de alguém, melancolia pelo fim, ímpeto para dar a volta por cima, encantamento do novo amor. Se existisse uma emoção central na vida humana, o amor seria um forte candidato a ocupar esse lugar – *se*, na complexidade do humano, houvesse um centro.

Nada neste capítulo se equipara a uma boa canção, filme ou romance. Mas podemos fazer o que a academia sabe – perguntar.

O que é o amor? Ao longo do tempo, inventamos centenas de respostas para essa pergunta. Uma das mais recentes é a ideia de que o amor é uma ilusão genética. Podemos começar por essa.

O amor, esse monte de sinapses

Em sua versão menos romântica, o amor é uma série de impulsos elétricos existentes no cérebro humano, derivado de reações químicas desencadeadas por algum tipo de estímulo dos sentidos. O efeito é um conjunto de atividades anômalas do organismo, incluindo mudanças no ritmo da respiração, alteração nos batimentos cardíacos, variações na temperatura, dificuldades de encadeamento de pensamentos e articulação nos centros de fala, com reflexos no olhar e expressão facial.

Ao que tudo indica, o componente biológico do amor está ligado à nossa sobrevivência e evolução como espécie. Ao receber estímulos de um parceiro em potencial, a mente avalia suas características definindo o indivíduo mais interessante. A escolha da pessoa com quem se teria descendentes era dirigida pelo cérebro no sentido de encontrar o ser mais apto a isso, seria dirigida por uma questão de manutenção da vida inscrita nos genes.

Algumas dessas ideias estão expostas em *The psychology of relationship*, de Julia Willerton. Ela retoma uma série de estudos, realizados em momentos e condições diversas, para sustentar essa tese.

O que chamamos de amor seria a versão culturalmente aceitável de impulsos biológicos voltados para a sustentação da espécie em condições adversas. A avaliação não seria de caráter, gostos ou afinidades, como estamos acostumados a imaginar, mas a partir da aptidão demonstrada pela outra pessoa para se adaptar a um ambiente.

Não importa o tamanho do amor, a intensidade da relação ou a melancolia decepção: no final, a pessoa que você amou, por quem moveu o mundo ou sofreu, é só uma reação química sináptica entre neurônios. Essa versão do amor claramente não teria dado origem a tantas músicas (seria difícil cantar algo celebrando a genética e rimando com Darwin).

Genes, sugere Richard Dawkins em *O gene egoísta*, têm uma forte diretriz de autossobrevivência: influenciam o comportamento das espécies para garantir sua descendência, seja pela competição ou pelo desenvolvimento de um instinto gregário; isto é, a tendência de andar com os outros.

A ideia de "escolher" alguém fica seriamente comprometida. Se quisermos salvar o que resta de uma versão romântica, poderíamos dizer que, na perspectiva biológica, o amor nos escolhe. Mas podemos perguntar se é exatamente "amor".

O sentido do amor como emoção é visto como um complemento da parte genética, e ajudaria a explicar por que, quando estamos apaixonados, deixamos de lado todos os apelos da razão (e porque tantas pessoas inteligentes fazem escolhas significativamente estranhas na hora de namorar alguém).

Os tipos e os códigos do amor

Para sorte nossa, essa não é a única resposta possível. Mesmo que o amor seja simplesmente uma ilusão genética, resultado de ações biológicas, impulsos elétricos e relações químicas, não o *sentimos* assim no cotidiano.

Estamos tentando compreendê-lo há tempos, e muita coisa mudou nesse caminho.

O que chamamos de "amor" é um fenômeno marcadamente histórico e social, muito diferente do que foi em outras épocas e culturas. Na história das mentalidades, recorda o historiador Georges Duby, a psicologia humana parece variar com o tempo, e o sentido de "amor" hoje não é o mesmo da Idade Média ou da Reforma Protestante.

Os antigos gregos, aliás, tinham três palavras para caracterizar o amor.

A primeira era *eros*, amor entre duas pessoas. Caracteriza-se pela intensidade da paixão, no sentido atual do termo. O amor-eros ou amor-paixão está no encantamento pela outra pessoa, na revolução de emoções e sentimentos provoca quando surge. Não por acaso, é a única concepção de amor ligada a uma divindade: Eros era o deus ligado à Afrodite, deusa do amor, responsável por atingir o coração das pessoas com suas flechas e deixá-las apaixonadas. O amor-paixão, voltado às emoções e ao corpo, afeta por completo o apaixonado.

> § 75. *Amor e dualidade* – O que é o amor senão compreender que um outro viva, aja e sinta de maneira diversa e oposta da nossa, e alegrar-se com isso? Para superar os contrastes mediante a alegria, o amor não pode suprimi-los ou negá-los – até o amor a si mesmo tem por pressuposto a irredutível dualidade (ou pluralidade) numa única pessoa.
>
> FRIEDRICH NIETZSCHE. *Humano, demasiado humano.* Vol. 2, p. 42.

Não por acaso, na mitologia grega, Eros se apaixona por Psyché – *psiquê*, como vimos no primeiro capítulo, era uma das concepções da alma humana na Grécia antiga. A advertência: a paixão leva a alma para lugares desconhecidos.

No limite, está a loucura e o desvario do amor, outro tema clássico da arte e da literatura. Do lado negativo, o *eros* se transforma no *pathos* do ciúme, abandono, traição. A expectativa de sofrer um impacto no último momento – "catástrofe", do grego *"katastrophe"*, "reviravolta triste no final".

Outra forma do amor, menos propensa a catástrofes, era expressa na palavra *philia*, a amizade. O amor-amizade não é menos intenso, é uma *modalidade* diferente de amar alguém. O laço físico é substituído por uma profunda afinidade – mesmo que, externamente, as pessoas não tenham nada em comum.

Uma das principais diferenças com o amor-paixão é a ausência de exclusividade: podemos ter mais de um amigo, enquanto – até onde se sabe – a paixão geralmente é direcionada para uma única pessoa.

Isso não significa que não possamos ter ciúmes dos amigos. Ser o "melhor amigo" de alguém significa estar em uma relação de responsabilidade, confiança e cumplicidade. Amizades, inclusive, consolam quando os ímpetos do amor-paixão arrefecem e chega o momento do desenlace. A forma do amor-amizade se espalhou pelo vocabulário ocidental na forma de "filo": a "amizade pela sabedoria", para usar um exemplo comum, é *philo* (amigo) de *sophia* (sabedoria), a *filosofia*.

Amor-ágape é a terceira forma de amor conhecida. Refere-se a um tipo de amor-transcendência voltado para o encontro desinteressado com o outro, distante do amor-paixão pela serenidade de uma relação etérea, distante dos ímpetos das emoções. Enquanto tanto *eros* quanto *philia* acontecem no tempo, *agape* procura a transcendência do intemporal.

Ao que tudo indica, sua realização era mental, embora fosse mediado por rituais ligados também ao corpo e aos sentidos. A religião grega, como várias outras depois dela, era marcadamente *sensorial*: o apelo aos sentidos era voltado para tirar a pessoa de seu cotidiano e prepará-la para um encontro com o transcendente. Em outra versão, pode ser entendido como o princípio de um amor desinteressado, da ação solidária que, ao reconhecer a **vulnerabilidade** do outro, se dispõe a ajudá-lo sem recompensa. A essência do amor-transcendência é o encontro com o mistério da alteridade: sua representação é a sororidade/fraternidade.

Nos séculos recentes, uma nova modalidade, descendente do amor-paixão, ganhou força, e deu origem a boa parte do que entendemos por "arte": o Romantismo.

O amor romântico

A Idade Média viu a invenção da canção de amor no sentido usado até hoje. E não faltavam músicas sobre amores impossíveis, ciúmes, paixões e emoções (não deixa de ser um consolo saber que relações amorosas são complicadas desde sempre).

A matéria-prima dos trovadores eram histórias de amor. Isso permitiu o delineamento de um novo tipo de sentimento, no qual a mulher era idealizada como fonte de beleza e encanto. Evidentemente, não *qualquer* mulher, só as da corte.

As canções falavam das regras desse tipo de amor: o jogo de olhares, a expectativa, o cultivo da virtude sobre a paixão, em uma situação na qual o corpo não tinha muito espaço. Mesmo o ímpeto mais forte não mudaria isso: aos apaixonados restava cantar seu amor e sofrer – não muito distante de algumas músicas atuais.

A sensibilidade medieval, expressa na lírica dos trovadores, ganhou seu próprio nome, o *amor cortês*, isto é, "praticado na corte", de onde vem também a palavra "cortesia".

O *romance* nasce, séculos depois, como decorrência dessa época. Segundo Paul Zumthor em *A letra e a voz*, a palavra se referia a "contar histórias como os romanos", de onde o parentesco entre "romano" e "romance". O nome pegou e passou a designar um tipo de produção artística centrada na relação intensa, acidentada, com idas e vindas, reviravoltas, lances espetaculares, ciúmes, suspeitas e, claro, paixão.

Esse amor emocional, impetuoso, disposto a vencer todas as barreiras para se realizar ganhou seu próprio nome: o *amor romântico*.

Um dos ideais desse tipo de amor era a livre-expressão das emoções e dos sentimentos, colocando na arte toda a potência da sensibilidade. O amor romântico está ligado à subjetividade: começa e termina nos indivíduos. A sociedade, com suas convenções e preconceitos, costuma ser um problema para o amor.

> Só te ama quem amar tua alma.
> PLATÃO. *O Primeiro Alcibíades*, p. 280.

Para citar apenas um exemplo, usando um critério totalmente pessoal, os livros de Jane Austen, escritos no século XVIII, por exemplo, são característicos. Em *Razão e sensibilidade*, especialmente, é possível notar o conflito latente entre o ímpeto de Mariane, e o temperamento mais racional da irmã, Elinor. O conflito está no centro do Romantismo, como movimento estético e como postura de vida: os anos seguintes, na história da arte, vão ver o triunfo da sensibilidade sobre o racional.

A versão do amor chegou à atualidade, sobretudo na ficção. Músicas, filmes e séries de TV buscam no amor romântico a inspiração para desenvolver suas histórias, espalhando essa noção pela sociedade. A representação atual do amor é derivada do romantismo – amor perfeito, apaixonado, com final feliz e sem o dia seguinte.

Paradoxo irônico: a imagem do amor romântico se torna dominante exatamente no momento em que a vida contemporânea, com todas suas demandas, o tornam impossível. Desta vez o impedimento não é a disputa entre famílias de *Romeu e Julieta*, nem o ciúme de Otelo, ou a interferência social como em *Orgulho e preconceito*; o maior rival do amor é a Modernidade.

Você ama quem quer?

Do ponto de vista social, as notícias a respeito do amor não são muito boas. Ao contrário do que é mostrado todos os dias nas séries, músicas e filmes a gente não ama quem quer, mas quem pode. Na p. 89 de seu livro *Coisas ditas,* o sociólogo francês Pierre Bourdieu oferece uma breve mas importante nota sobre isso: não há lei alguma obrigando mas, em geral, "caçulas de famílias ricas tendem a se casar com herdeiros de famílias ricas". Até aí, nenhuma novidade, e pode parecer óbvio – mas se a academia tem alguma tarefa, talvez seja desmontar o óbvio.

Bourdieu alerta um fato importante: relações amorosas estão articuladas com as condições sociais ao redor. Nada impede que uma jovem de família classe média alta namore um rapaz de uma comunidade das grandes cidades. Ou casais com grande diferença de idade. Ou a mulher ser mais velha do que o homem.

Não há lei proibindo.

Mas a sociedade pode atrapalhar bastante.

Em termos sociológicos, parece existir uma tendência à formação de casais mais ou menos dentro do que Bourdieu denomina "espaço social" ou "espaço simbólico". Vale tirar um minuto para explicar esse conceito.

Para começar um relacionamento com alguém, um requisito básico é conhecê-la ou conhecê-lo. Claro que você pode, por acaso, encontrar o amor da sua vida em uma viagem de metrô aleatória, mas a chance é baixa. O número de pessoas com quem você se relaciona é bastante restrito: é bom que o amor da sua vida esteja entre elas; porque, caso contrário, vai ter que se contentar com o que aparecer.

Você habita um pedaço consideravelmente pequeno da realidade. Não anda por todas as ruas, apenas aquelas que levam de casa para o local de estudo, trabalho ou diversão. Nesses lugares, fala com quem tem uma proximidade maior com quem tem cargos ou atividades próximas. Mesmo nos momentos de lazer há uma boa chance de você estar com pessoas mais ou menos próximas à sua faixa etária, nível de renda, escolaridade e classe social.

A vida social não tem regras, diz Bourdieu, mas *regularidades*. Até para o amor. Em linguagem acadêmica, há uma chance considerável de você se relacionar com pessoas que frequentam o mesmo *espaço social* por uma simples questão de probabilidade. Se você mora em Aracaju, o amor da sua vida nasceu em Campo Grande, você nunca foi para o Mato Grosso do Sul e a pessoa nunca foi para Sergipe, há uma probabilidade mínima de vocês se conhecerem. A pessoa estará lá, imaginando alguém como você, sem saber que você existe de verdade.

Vocês podem, claro, se conhecer por algum outro caminho, se apaixonar e começar a namorar. Mas há outros problemas: as condicionantes sociais do amor. Se você já namorou pessoas de idade, classe ou crenças muito diferentes do seu, sabe como é a cobrança que algumas pessoas podem fazer, de maneira direta ou indireta.

Certamente é possível encontrar soluções na dinâmica das relações amorosas – a ficção nunca deixou de lado esse tipo de trama justamente por essa *possibilidade*. O provérbio latino *"Amor omnia vincit"*, "O amor vence tudo", parece ser válido há alguns milênios. Mas na prática é bem mais complicado.

Para entender isso, podemos contar algumas definições do amor. E o começo, de maneira muito apropriada, é em uma festa.

O desejo do que sempre falta

Uma festa. Daquelas. Na casa de Ágathon, poeta grego, em Atenas, Grécia, uns dois mil e quinhentos anos atrás. Devia estar bem animada, porque, a certa altura, os convidados estavam tão cansados que resolveram parar um pouco para se recuperarem. Como não havia *smartphones*, *wifi* ou redes sociais naquela época, decidiram conversar – e, como tema, escolhem o amor.

O resultado é o diálogo *O banquete*, um dos mais conhecidos escritos de Platão. Como em outros diálogos, a personagem principal é seu professor, Sócrates. Ele e os outros convidados expoem suas opiniões, apresentando um aspecto do sentimento – seu *discurso* sobre o amor.

Um dos primeiros é o discurso de Aristófanes. Escritor, foi autor de várias peças de teatro, incluindo a comédia *As nuvens*, na qual satiriza o próprio Sócrates. Mas, em *O banquete*, seu discurso é bem mais sério. Em vez de fazer uma análise filosófica do amor, ilustra a questão com um mito – o Mito do Andrógino.

Houve uma época, começa Aristófanes, em que existiam três gêneros: o masculino, o feminino, e o masculino-feminino, seres completos, vivendo em perfeita e eterna harmonia. Sua felicidade despertou a inveja de Zeus que, com um raio, separou os andróginos em duas partes, destinadas a se procurar eternamente.

O sentimento da paixão é a tentativa de encontrarmos a metade que falta – daí sua força além de todo o raciocínio. O amor, nessa concepção, é o laço existente quando encontramos a pessoa, *a* pessoa, de quem fomos miticamente separados. Esse laço é o mais forte possível porque, na verdade, não se trata de um encontro, mas de uma *reunião* de metades.

Daí a curiosa sensação, às vezes, de conhecer a pessoa há muito tempo: tomando a alegoria como ponto de partida, estamos reencontrando um pedaço de nós mesmos. (Aristófanes não explica porque erramos tanto no processo, nem o que acontece se essa metade não aparece em nossa vida.)

O discurso mais importante, de longe, é o de Sócrates. Na verdade, de sua professora: a filósofa e sacerdotisa Diotima de Mantineia, que o ensinou a respeito. É curioso que saibamos muito pouco sobre ela. A principal menção está justamente em *O Banquete*. Algo estranho, porque, se ela ensinou Sócrates, a teoria é sua, não dele. O amor platônico, se isso está correto, não é invenção de Platão, mas de Diotima, e poderíamos falar em "paixão diotímica" em vez de "paixão platônica".

Sócrates inicia seu discurso falando do amor como um desejo de ligação com a beleza, com o bem e, de certa maneira, com o que está além da realidade imediata.

O amor é o desejo de algo que falta. Essa ideia poderia estar talvez em algum livro de psicanálise: o amor se situa na esfera do desejo, do sentimento de falta na ausência, de uma busca e incompletude que se realiza plenamente apenas no momento em que é correspondido.

Esse desejo – e aí Sócrates se separa de Freud – não é de posse, mas de contemplação. O amor leva a planos desconhecidos de nós, recantos inexplorados de nossa mente, colocando-o não apenas como um sentimento voltado para o outro, mas, a partir da relação com o outro, encontrar algo em nós.

Na busca pelo ausente, o amor é expectativa, a surpresa de encontrar e, no momento seguinte, procurar outra vez. Está ligado ao que *vai* acontecer, ao *devir* da relação com o outro. Se esse encanto do desejo na ausência se quebra, quando não há mais nada de novo a esperar do outro e nada a buscar de si, o vínculo deixa de existir.

Isso poderia significar, em um primeiro momento, que é impossível manter um relacionamento longo. Uma vez esgotada a novidade, satisfeito o desejo de completar a ausência, o laço terminaria e ponto final. Acontece, e talvez com mais frequência do que gostaríamos: o que a pessoa tem não é suficiente para preencher mais do que uma breve falta. E nós também não conseguimos preencher as expectativas da outra pessoa.

No entanto, há uma dimensão nas entrelinhas de *O Banquete*: o tempo. O que está para acontecer, o *porvir*. O amor é um apaixonamento eterno pelo *porvir* da relação com outra pessoa: não amo o que é, o que já tenho, porque não é possível amar o que não falta, mas amo o que *pode ser*. É possível se apaixonar pela mesma pessoa durante um longo tempo – nem você nem a pessoa são as mesmas, e o devir tem uma possibilidade de novo encantamento. Na frase de Diotima: "O amor é um desejo de perpetuação no belo".

O amor do desejo do outro

Responda rápido: Se inventassem uma pílula do amor, capaz de fazer qualquer pessoa se apaixonar por outra, você usaria? Garantido, sem efeitos colaterais, dentro da lei, com todas as licenças e autorizações (e vamos colocar de lado, algo impossível, as imensas questões éticas envolvidas). Uma pílula, e a pessoa se apaixona. A fórmula química que traz a pessoa amada para sempre.

Se você estiver muito apaixonado por alguém, talvez uma primeira resposta "sim" passe pela sua cabeça. O amor, em alguns casos, se confunde facilmente com o desejo de posse, transformando-se no desejo de *ter* a outra pessoa com exclusividade e para sempre. E uma poção mágica seria um bom desfecho para o caso, certo?

Talvez. Provavelmente não.

> As identificações, então, podem afastar certos desejos ou agir como veículos para o desejo; para facilitar certos desejos, pode ser necessário afastar os outros; identificação é o local onde ocorrem essas ambivalentes proibições e produções dos desejos.
>
> JUDITH BUTLER.
> *Bodies that matter*,
> p. 64.

Você se sentiria realmente feliz sabendo que a pessoa só está ao seu lado devido ao efeito de uma fórmula? Ao olhar para ela, viria a dúvida: "ele me ama ou está apenas cumprindo o que a pílula manda?" Na verdade, a dúvida não demoraria muito para se transformar em uma certeza: quem está apaixonado por você é um composto químico. A poção do amor seria uma contradição em si mesma.

Essa é a base da lenda de Tristão e Isolda, uma das mais famosas histórias de amor. O enredo é conhecido: o Rei Marcos da Cornualha pede ao sobrinho, Tristão, buscar sua noiva, Isolda, na Irlanda. As damas de companhia de Isolda colocam em sua bagagem uma jarra de vinho com uma poção do amor. Na volta, em alto mar, Tristão e Isolda acidentalmente bebem o vinho. Imediatamente se apaixonam, mas ela é noiva e deve ser entregue. Outra atitude seria traição.

A história é uma alegoria do conflito entre paixão e dever, tema clássico, mas há outro aspecto: Tristão e Isolda tiveram *escolha* ou, por causa da mágica, teriam se apaixonado por qualquer um? Isso varia conforme a versão da lenda, mas a pergunta se mantém: de que vale um amor criado por uma poção mágica? (Se você preferir, Rony Weasley fica acidentalmente apaixonado por Romilda Vane ao comer por engano chocolates com uma poção do amor em *Harry Potter e o Enigma do Príncipe*: nos dois casos tem castelo gótico na história).

Essa é uma das principais características e dificuldades da relação amorosa. Ela tem que ser *recíproca*. Você se apaixonou pela pessoa, mas o que *ela* sente por você? Sabe que você existe? Se sabe, o que pensa disso? Qual lugar você ocupa na vida dela e quais as chances de mudar isso? De ser promovido a "amor"?

Essas perguntas aparecem porque, na relação amorosa, você depende da possibilidade de ser a escolha do outro: seu desejo é se tornar o desejo do outro. Há uma condição: esse processo deve acontecer de maneira livre de qualquer imposição ou coerção. Caso contrário, voltamos à poção do amor, resultado zero.

Amor não é posse, não é controle, não é poder, não é possessividade. Não é mandar na vida da outra pessoa. Isso são formas de violência disfarçadas de amor. Amor está ligado à livre escolha. Daí que "não" significa "não", algo que certas pessoas parecem ter dificuldade em entender.

Dentro de uma perspectiva patriarcal como a da sociedade contemporânea, o amor é representado com metáforas de guerra. A "conquista" de alguém, "ter" a pessoa, "conseguir" o amor: imagens do desejo de conseguir aquilo que está mais bem guardado na esfera do inconsciente e das emoções de outro indivíduo – sua afeição.

Essa equiparação com o desejo de posse e conquista permite ao amor ser medido – até mesmo ter uma "taxa de conversão" – com outras formas de poder. Aliás, enredo comum na literatura e na ficção, geralmente com a sujeição da mulher: o "amor" feminino é conquistado (entre aspas, claro) por alguma forma de poder.

O amor do desejo da outra pessoa é uma expectativa de você se tornar o objeto de amor dela. Quando isso acontece, existe a criação de um vínculo – o apaixonamento, o amor.

Intensidade e assimetria do amor

O amor é responsável por acionar uma quantidade enorme de outras emoções. Quase todas as emoções parecem estar, de alguma maneira, ligadas ao amor. Descontrolado, o amor, e sobretudo o amor-paixão, é uma fonte potencial para despertar outras paixões, e nem todas no melhor sentido. A inquietude do ciúme, a desconfiança da fidelidade, a dor de ser deixado por outro, a ansiedade de saber que a pessoa que você ama existe, está em algum lugar, mas não com você.

Ninguém fica o tempo todo perdidamente apaixonado – isso seria bater na porta da patologia.

Existem variações na *intensidade* da paixão, do desejo e do amor. Ser amado pela pessoa que você ama é ótimo, mas isso não significa que vocês se amam exatamente da mesma maneira. Há uma assimetria eventual no amor, responsável tanto pelos desencontros quanto pelas possibilidades de estar juntos no momento certo. Essas diferenças na intensidade do amor, no cotidiano, requerem tempo – poderíamos acrescentar "paciência" – e a acolhida das variações de amor/humor da outra pessoa, assim como esperamos isso para nós. Não significa necessariamente mudanças no sentimento, mas em suas possibilidades de vivência imediata.

> E o amor significa, antes de tudo, o acolhimento de outrem como tu, quer dizer, a mãos cheias.
> EMMANUEL LÉVINAS. *Entre nós*, p. 89.

Um amor de alta *performance*

Porque amar tem muitas exigências. Vínculos. Assumir laços. Tempo. Disposição. Interesse. Encarar o mau humor da outra pessoa. Ou, talvez pior, o *bom* humor da pessoa quando você está de mal da vida. O ato de amar exige a elaboração de ligações, e isso demanda tempo, bem raro e precioso na contemporaneidade.

Amar alguém significa fazer disso uma escolha que vem *antes* e *acima* de outras. Na dinâmica cotidiana, em um tempo de trabalho tendendo ao infinito, no qual os tempos vazios são raridade, é necessário um esforço considerável para estar com a outra pessoa. É preciso defender a opção diante de outros compromissos da agenda.

E compreender que, se você escolhe um relacionamento amoroso, deixa de escolher (pena que a palavra "desescolher" não existe, seria ótima agora) inúmeras outras coisas. O ato de escolha não é apenas a eleição de algo, mas é também um ato de deixar para trás: para ter algo, preciso necessariamente ficar sem.

O problema é que, em uma sociedade na qual o consumo e a posse são a regra, a ideia de "ficar sem" parece estar deslocada. Como assim, ficar sem alguma coisa, se a medida do sucesso é exatamente *ter*? A exigência contemporânea diz, em suas mensagens, que **felicidade** é ter sucesso em tudo, inclusive no amor.

Parece que aplicamos os mesmos padrões de produtividade, metas e realizações do trabalho à vida afetiva, e esperamos de nós e dos outros um amor de alta *performance*. O aspecto do amor como a procura impossível do desejo, na atualidade, parece se misturar com a ideia de posse, de um amor *prêt-à-porter*, pronto para uso. Na prática há uma dimensão nessa busca, a *construção* da conduta de desejo do outro. Não por acaso, no livro de *O Ser e o nada*, o filósofo francês Jean-Paul Sartre define que "o desejo é uma conduta de encantamento".

Relacionamentos afetivos não escapam disso: se existe uma pressão pelo **corpo** perfeito, pela carreira mais bem-sucedida, há também uma perspectiva de se estar em um relacionamento igualmente satisfatório e recompensador. Espera-se que o consumo amoroso do outro traga uma satisfação imediata, de baixo custo e alta produtividade – se Zygmund Bauman utilizava, nos anos 2000, a expressão "amor líquido" para o que designava como sendo "a fragilidade dos laços humanos", podemos questionar se o amor, nesse cenário, não é mostrado como um sonho de consumo. No cotidiano, é possível observar isso na dificuldade da construção e na manutenção de relacionamentos. Talvez seja relativamente fácil conseguir um vínculo rápido, mas o aprofundamento requer tempo e cuidado dedicados ao encontro afetivo com a alteridade. Notamos isso até mesmo nas palavras usadas: apresentamos pessoas como "Este é..." ou "Este é meu companheiro", sem especificar o vínculo existente ou mesmo se há algum. Dizer o vínculo *cria* a ligação. A ambiguidade parece ser típica da sociedade contemporânea, na qual a falta de tempo para vínculos se reflete na fluidez das definições.

Uma das características do vínculo do amor-paixão é a expectativa de ter algum tipo de correspondência ou, na pior das hipóteses, a definição de *não* ser o objeto da pessoa amada. A ambiguidade costuma gerar desconforto, traduzido na ansiedade e na angústia de não saber o que está acontecendo e, com isso, deixar de lado um dos aspectos fundamentais da relação – a existência de um vínculo.

Isso muda no amor-amizade. Mas não inteiramente.

Os sentidos da amizade

O sentimento de amizade vem passando por uma curiosa adaptação contemporânea. Estamos perdendo um pouco do sentido da palavra em troca de relações mais rápidas, descompromissadas e lucrativas do que a amizade, a organização em rede. Não existe, claro, uma oposição ou contradição entre amizade e redes, mas, quando você privilegia uma delas, está esquecendo um pouco o tom da outra. Um dos sintomas disso pode ser visto, como sempre, na linguagem.

Uma das redes sociais denomina a relação entre os participantes como "amigos". Há opções, mas o padrão é a denominação genérica "amigo". Curiosamente, em outras redes, o nome utilizado da relação não é "amigos", mas "seguidores" ou "contatos", o que implica outra relação, completamente diferente.

O uso indiscriminado, quase banal, da palavra "amigo" deixa de lado o tempo, afeto e companheirismo necessário para a formação de uma amizade. Você não "conquista" um amigo, mas constrói amizade a partir das atitudes, comportamentos e posturas recíprocas que vão se acumulando ao longo do tempo. A amizade tem uma *história*, se fortalece e se alimenta dela. É uma trajetória de discordâncias, de transições e mudanças que implica, inclusive, momentos de distância – que não deixa de significar a presença de uma expectativa da amizade.

A relação de amizade exige tempo para formação e cultivo, para o encontro e o conhecimento da outra pessoa. Pode, é claro, existir "amizade à primeira vista", no sentido que se pode falar de "amor à primeira vista", mas, em geral, você se torna amigo de alguém *depois* de conhecer um pouco melhor a pessoa, quando há tempo para encontrar os pontos em comum e demarcar as diferenças, sabendo quais são os pontos de laço e de discórdia. A diferença é uma marca fundamental entre amigos: discordar é parte da amizade. Conserva a individualidade e a diferença entre as duas pessoas.

> A amizade é o milagre pelo qual o ser humano aceita olhar a distância, e sem se aproximar, o próprio ser que lhe é necessário como um alimento.
>
> SIMONE WEIL. *Espera de Deus*, p. 205.

Amizade, interesses e dependência

Uma das características da amizade, lembra Michel de Montaigne em seu ensaio intitulado justamente "Da amizade", é que amigos dão broncas uns nos outros. Apontam defeitos. Criticam. Mostram quando a pessoa está tomando uma decisão errada, consolam pelos erros, apoiam quando estão certos. Brigam com você, brigam por você. Às vezes, quando você está errado, eles brigam *por* você e logo em seguida brigam *com* você.

Escrevendo no século XVIII, Montaigne aponta, já naquela época, alguns usos errados do termo "amizade", utilizado para caracterizar relações próximas mas que, na verdade, não têm nada a ver com ser amigo de outra pessoa. A relação entre pais e filhos, entre funcionários de cargos muito distantes na hierarquia ou pessoas muito distantes na escala social pode ser chamada de "amizade" apenas em alguns poucos casos. Nenhuma dessas relações costuma receber esse nome, por uma razão relativamente simples: todas elas estão ligadas a relações de poder.

A amizade exige igualdade. Você não se torna amigo de sua gestora ou superior imediato se dela ou dele depender, por exemplo, seu emprego. Em alguns casos, claro, em que um dos amigos é promovido e ganha uma posição, mas há um potencial para problemas – na melhor das hipóteses, desconforto. Nos amigos você dá bronca, discorda de maneira estridente, revela suas forças e fraquezas. Para um amigo você pode dizer "Olha, você tomou uma decisão estúpida", algo pouco recomendável para falar ao gestor. E, sem espontaneidade, o sentido da amizade está comprometido.

Há um grau de transparência na amizade muito difícil de encontrar em outras rela-

> A amizade consiste, em grande parte, na verdade, nesse falar sobre algo que os amigos têm em comum. Ao falarem sofre o que têm entre si, isso se torna muito mais comum a eles. Não só o assunto ganha sua articulação específica, mas desenvolve-se, expande-se e, finalmente, no decorrer do tempo e da vida, começa a constituir um pequeno mundo particular, que é compartilhado na amizade.
>
> HANNAH ARENDT.
> *A dignidade da política*, p. 98.

ções. A amizade se distingue dos demais tipos de relacionamento e raramente se mistura bem com elas. Quando, por exemplo, amigos se tornam sócios, a entrada de dinheiro, lucro e interesses tem um potencial para criar problemas. Basta algo parecer errado e o sentido de confiança recríproca da amizade vai embora, deixando em seu lugar o estranhamento, a suspeita e a cobrança.

A amizade, como todo tipo de afeição, nos lembra Montaigne em seu ensaio, é unicamente fruto da escolha e da vontade de cada um. Não pode ser imposta, adquirida, comprada de maneira nenhuma, e se opõe a todo interesse. Aliás, quando alguém, do nada, começa a se aproximar de você para forçar uma amizade, não demora muito para imaginar que existem interesses envolvidos.

Na amizade não há cobrança, diz Montaigne. O que um amigo faz por outro é resultado do terreno comum existente entre eles, da afinidade de pensamentos, da percepção do que a outra pessoa gosta ou precisa, e não há dívidas ou devedores. No máximo, um reconhecimento sem espera de reciprocidade, porque ela não é necessária. Você não faz algo por um amigo esperando que ele retribua. Na amizade digna desse nome, diz Montaigne, a colaboração e o reconhecimento acontecem naturalmente – sem expectativa, sem cobrança, pela alegria de fazer algo a si mesmo.

A reconstrução do vínculo

O amor e a amizade têm capacidades e potencialidades que ultrapassam qualquer ideia de posse ou de controle. Por estarmos muito mais acostumados a ter coisas do que a viver situações, às vezes entendemos o amor como um desejo que leva a ter o outro, nem sempre acompanhado de reciprocidade: se estou com alguém, alguém está comigo, podemos, juntos, construir algo maior do que o eu, maior do que você – o nós.

> **Leituras de vínculos**
>
> LUHMANN, N. *O amor como paixão*. Rio de Janeiro: Bertrand, 2000.
>
> MILAN, B. *O que é o amor?* Rio de Janeiro: Difel, 2016.
>
> MONTAIGNE, M. *Ensaios*. Brasília: Ed. UnB, 1998.
>
> PLATÃO. *O banquete*. Belém: Ed. UFPA, 2010.

11

Retomar as virtudes da felicidade

É POSSÍVEL ENSINAR A VIRTUDE? Com essa pergunta, assim, direta, tem início a discussão do livro *Menon*, de Platão. Curiosamente, ninguém no texto pergunta *por que* é necessário ensinar a virtude, nem *o que* é isso. Para um grego daquela época, a ideia de virtude era um dos princípios fundamentais da vida com os outros e para o funcionamento da sociedade. Perguntar *por que* ensinar a virtude seria como questionar, hoje em dia, a necessidade de saber ler e escrever.

Mas o que isso tem a ver com felicidade? Felicidade, pelo menos é o que o senso comum diz, é ter sucesso, um bom padrão de vida, dinheiro, fazer as coisas que agradam, amar e ser correspondido, não depender de ninguém. Virtude, ao que parece, não tem nada a ver com isso.

Ainda mais, a palavra virtude tem ressonâncias estranhas atualmente. Parece meio deslocada, vestígio de uma época na qual se podia acreditar nos seres humanos. Mais ainda, evoca um sentido religioso, místico, de "ser bom" ou "fazer o bem". Ou pior, um falso moralismo de pessoas pretensamente virtuosas, autoproclamadas donas da verdade, dizendo aos outros o que fazer, disfarçando um comportamento voltado apenas para a satisfação do próprio bem.

Seria ilusão achar que os seres humanos fossem muito diferentes de nós na Grécia antiga. Seus conflitos e dúvidas são curiosamente parecidos com os nossos. As narrativas históricas e míticas contam que seus problemas eram os mesmos que os de hoje em dia, como disputas de poder, inveja, satisfação rápida de desejos e outros semelhantes.

Por que, então, essa atenção à ideia de virtude?

Para entender isso, é importante recuperar o sentido mais antigo da palavra virtude – a noção de *excelência*. O caminho para a felicidade.

A felicidade como virtude

Embora Platão tenha feito a pergunta, uma das primeiras respostas vem de seu aluno Aristóteles. Não foi uma tarefa fácil: para responder à questão de Platão, Aristóteles escreveu dois livros, *Ética a Nicômaco* e *Ética* a Eudemos (um terceiro, *Ética magna*, é de autencidade duvidosa). Nesses dois trabalhos, Aristóteles responde que sim, a virtude pode ser ensinada, e esse é o ponto de partida para a boa vida com os outros. Ao aprender a virtude, cada pessoa pode contribuir da melhor maneira com a sociedade.

Mas Aristóteles acrescenta outro ponto, mais ou menos perturbador: a virtude é o caminho para a felicidade. Mas elas não eram o contrário uma da outra?

À primeira vista, a relação entre virtude e felicidade pode não ser óbvia.

No sentido comum da palavra hoje em dia, virtude está ligada aos atos desinteressados, a ajudar os outros, ser abnegado e desprendido, enquanto felicidade está na conquista de objetivos, na realização profissional, no sucesso financeiro – em resumo, em uma vida de alta *performance*.

Entendida dessa maneira, dificilmente a virtude seria um caminho para qualquer felicidade: raramente um rei ganhou o título de "o grande" por ser bom e justo, mas por vitórias e conquistas na guerra ou em seu próprio reino – dito de outra maneira, por destruir coisas e matar pessoas.

Aristóteles desafia a pensar as palavras, virtude e felicidade em outro sentido.

Na *Ética a Eudemo*, ele coloca uma afirmação que, para a sensibilidade moderna, pode parecer óbvia: todos os seres humanos querem ser felizes, e descreve a felicidade como "o mais nobre e belo fim da existência humana".

Mas imediatamente, como filósofo que era, Aristóteles desestabiliza essa frase perguntando o que é a felicidade.

Uma coisa é dizer que todas as pessoas querem ser felizes, outra é questionar o sentido da palavra.

A situação fica um pouco mais complicada, continua Aristóteles, se perguntamos para alguém o que é a felicidade. Cada um vai dar uma resposta de acordo com seus próprios parâmetros: para um, ser feliz é ter dinheiro e viver livre de preocupações; para outro, ter um amor correspondido, saúde, uma boa carreira. Mas todos vão concordar que a felicidade é o objetivo máximo da vida humana.

Aristóteles continua sua provocação: se todas essas coisas, como dinheiro, amor e saúde são "felicidade", então talvez estejamos olhando para a coisa errada. Afinal, se felicidade é tudo isso, corre o sério risco de não ser *nada* disso também.

Para não cair na armadilha de não saber o que estamos procurando, é importante limpar o terreno a respeito do que se está falando.

O que a felicidade não é

A felicidade ocupa um lugar paradoxal na sociedade contemporânea.

Ao que parece, a busca por um modelo ideal de felicidade está tirando o tempo de ser feliz. Como todo objeto de desejo, está sempre *além*, depois, a um passo, no próximo momento. O tempo da felicidade é o próximo tempo, aquele que não chega nunca: é o que você *vai* ter, *quer* conquistar, *pretende* fazer. Sempre no futuro.

Por que a felicidade não está no presente? Ou, pelo menos, não é mostrada assim? Você pode delinear a resposta a partir do jeito como a felicidade é mostrada hoje em dia.

De um lado, é apresentada como o bem de consumo mais importante: ser feliz é uma condição pautada na posse, na conquista e na acumulação. A felicidade está na compra de um automóvel, na viagem internacional, na realização de carreira e *status*. Isso inclui o relacionamento bem-sucedido com outras pessoas: ter uma família bem constituída, um relacionamento amoroso recompensador, de preferência dentro de padrões altamente aceitáveis, amigos para se divertir e em quem confiar, se preparar para uma velhice livre de preocupações.

Nas representações do consumo, a felicidade é o maior, talvez único bem: qualquer produto quer ser associado a ela, qualquer propaganda mostra pessoas felizes, sorridentes, realizadas com aquilo que fazem. Empacotada para consumo, a ideia de felicidade parece estar restrita a ser um valor agregado de qualquer produto.

E, principalmente, *mostrar* tudo isso: felicidade é, antes de tudo, algo para ser *exibido* nas telas, nas imagens, nas postagens de redes sociais.

Por que demonstrar felicidade? Porque ser feliz, mais do que uma condição humana, se tornou um poderoso símbolo de *status*. Há uma curiosa distorção: ser feliz é ter sucesso em uma vida de alta *performance* – exatamente o tipo de vida que, em geral, *impede* você de ser feliz por falta de tempo.

Uma das causas desse cenário é entender a felicidade como alguma coisa que acontece o tempo todo, da maneira mais intensa possível. Existe uma cobrança – e uma autocobrança – pela felicidade permanente. Isso costuma gerar vários problemas. Ela existe em relação a outros sentimentos e outras condições, como a tristeza, a frustração e o medo. Você entende melhor a felicidade no contraste com outras situações.

Precisamos do momento de tristeza, de recolhimento. Ninguém vive num estado permanente de alegria, mas podemos incluir esses momentos na felicidade. Saber que ela é um estado ajuda a limitá-la e entender que eu não vou ser alegre todos os dias e não posso exigir isso de mim nem dos outros.

Lidar com os conflitos e com os estados emocionais do ser humano é um desafio que não pode ser substituído por nenhum tipo de fórmula (mas, evidentemente, é preciso frisar: quando necessário, o tratamento médico é indispensável. Não podemos misturar as coisas).

A demanda de felicidade, confiança e otimismo constante deixa de lado um aspecto fundamental da condição humana, o tempo da sombra e da introspecção. Em um texto de 1917 intitulado *Luto e melancolia*, Sigmund Freud lembra da necessidade de um tempo para elaborarmos a tristeza e a perda.

São dimensões deixadas de lado em uma sociedade na qual o aparentar o sorriso e o bem-estar são condições obrigatórias. A felicidade, nesse caso, é um padrão social, como tantos outros, e estar fora dele não costuma ser bem visto. Isso, em geral, tende a acrescentar uma sensação de deslocamento e solidão à melancolia. E, como tudo o que é reprimido, costuma voltar com força.

Será que o excesso de felicidade prometido nos discursos contemporâneos não seria um sintoma de uma outra *falta*? No caso, falta de tempo para elaborarmos melhor nossas emoções? Talvez não seja coincidência que uma sociedade, na qual se fala de felicidade, bem-estar e sucesso o tempo todo, apresente índices altos de depressão, ansiedade e várias formas de sofrimento social e psíquico.

Essa pergunta leva a outra: *qual* felicidade estamos mostrando? A julgar pelo que podemos encontrar na mídia, livrarias, redes sociais e conversas do cotidiano, é uma felicidade voltada para provocar um bem-estar passageiro em si e provocar algo nos outros – admiração, na melhor das hipóteses, inveja, na pior. Uma apropriação do capitalismo emocional voltado para criar efeitos de desestabilização nos outros a partir de um autossacrifício contínuo voltado para esse resultado.

Diante desse cenário, podemos desconfiar que algo tão trabalhoso talvez não seja, de fato, felicidade.

Felicidade e bem-estar

Um primeiro ponto é não confundir felicidade com bem-estar. Bem-estar é proporcionado pelas coisas que você tem, pelo conforto ou um padrão de vida bom ou, pelo menos, digno. Sem uma vida digna não é possível ser feliz, como vimos no capítulo sobre **vulnerabilidade**. O bem-estar certamente ajuda a ser feliz: ficar melancólico às margens Do rio Sena, olhando Paris, talvez seja diferente de ficar triste em um engarrafamento. Mas é tristeza, de qualquer modo. Por isso, bem-estar não é felicidade. Você pode estar em uma situação muito confortável, ter um bom emprego e boas relações pessoais e afetivas, e ainda assim estar profundamente infeliz.

Alegria e felicidade também são coisas diferentes. A alegria se opõe à tristeza, não à "infelicidade". Aqui a gente pede ajuda para a língua portuguesa: posso *estar* alegre em um momento mas, no conjunto, *ser* infeliz. O que separa uma da outra é a duração: a felicidade é um estado permanente, enquanto a alegria está ligada ao momento.

Felicidade também não se confunde com o prazer proporcionado pelo consumo. Provavelmente, nada é mais distante da felicidade do que a ideia, muito espalhada na sociedade, de que comprando algo você vai ser feliz. O que você comprou ontem talvez já tenham perdido um pouco de seu interesse, de seu brilho, hoje.

Um resultado dessa lógica de ter sempre mais é a ansiedade: estar sempre *buscando* sem encontrar. Isso pode acontecer, também, nas relações pessoais ou no trabalho: a expectativa de um relacionamento perfeito, de um emprego ideal – este não está bom, o próximo será melhor – gera uma constante ansiedade e expectativa.

Para entender, e talvez sair dessa situação, Aristóteles oferece uma pista: felicidade não pode ser um estado transitório. Se *acaba*, não é felicidade. Ao terminar, no momento da perda ou da separação, vai ficar triste, e o que você chamava de "felicidade" vai parecer não ter existido. Isso significa talvez que eu não estava realmente feliz, apenas alegre ou desfrutando de um certo bem-estar.

Quando coloco minha felicidade em algo ou em alguém, estou alimentando uma séria ilusão: se essa relação acabar, e essa parece ser uma constante, volto ao estado de infelicidade. Na prática, nunca fui realmente feliz: me iludi, transformando esperança em uma realidade que talvez nunca tenha existido. Dito de outra maneira, quando coloco minha expectativa de felicidade em algo que pode mudar, construo a ilusão de achar que algo *transitório* é *permanente*.

Felicidade, lembra Aristóteles, é a finalidade última da existência humana. É um estado que não muda: não se *está* feliz, mas se é feliz: você pode *estar* alegre, mas não feliz, se a questão é transitória. Felicidade é um estado de vida, não um momento ou um único dia – Aristóteles ilustra isso com uma imagem que, mais tarde, se tornou um provérbio: "uma andorinha não faz verão".

Você fica alegre quando compra algo, mas é difícil colocar sua felicidade nesse ato, tão rápido, restrito no tempo, que logo acaba – e, junto, toda a expectativa de felicidade. Um namoro pode ter fases boas e ruins: pessoas mudam ao longo do tempo, e, de repente, aquilo que era feliz no relacionamento deixa de existir. Em geral, sua felicidade vai junto.

Muitas vezes, nesse ponto, há uma mistura entre meios e os fins. A felicidade é um *fim*: os *meios* são o que você busca para chegar a ela. Muitas vezes colocamos nossa felicidade nos meios, e esquecemos que eles acabam. Um erro comum é deixar a felicidade para amanhã e ficar correndo atrás de meios para ser feliz no hoje. A felicidade pode estar nos lugares mais inesperados, e não existe caminho certo para isso. Existem modos de encontrar a felicidade onde a gente já está. Perdemos tempo buscando a felicidade e, quando olhamos ao redor, ficou tarde.

O que seria, então, a felicidade? Para Aristóteles, é o que não podemos perder.

E aí reaparece é a noção de virtude.

A excelência como felicidade

Em grego antigo, "virtude" era *"arete"*, que também podia significar "excelência". Virtude, nessa concepção, não está relacionado diretamente a ser bom ou fazer o bem, no sentido atual da palavra, mas a algo um pouco diferente: fazer o *melhor*.

A virtude é o melhor que conseguimos fazer de nós. Nossa melhor versão. O exercício da virtude não é um ato de moralismo imposto de fora para dentro, mas trazer à tona o melhor que existe em nós, no cultivo e desenvolvimento das capacidades até chegar à *arete*, a excelência naquilo que se sabe fazer.

Mais para frente, os romanos traduziram *arete* para o latim antigo com o nome de *"virtus"*, próxima de "força", "potência" e "possibilidade".

Essa expressão tem uma curiosa descendente contemporânea, a palavra *virtual*. Embora a expressão seja nas mídias digitais, como em "realidade virtual", o sentido original é outro: virtual é "aquilo que pode ser" ou, em termos mais precisos, "aquilo que tem *força* para ser". A virtude é a melhor realização de um potencial.

E isso ninguém tira, não é passageiro, não depende de ninguém exceto de você. De alguma maneira, você vivencia isso, talvez sem perceber.

Na época de prestar vestibular, por exemplo, avaliando suas aptidões, você tentou descobrir em que era bom para, na universidade, se tornar melhor no desenvolvimento daquelas capacidades e chegar ao máximo de sua realização. Em geral chamamos isso de "vocação", mas não estaria de todo errado pensar nisso como o desenvolvimento da virtude.

Ninguém é obrigado a conhecer plenamente suas potências, mas os resultados desse desconhecimento podem ser duradouros. Como professores, já vimos alunas e alunos desistirem de cursos (ou pior, cursarem contra a vontade) porque, no momento da escolha, em vez de levarem em consideração suas potencialidades, escolheram – ou foram obrigados a decidir por questões familiares ou econômicas – uma carreira da qual não gostavam tanto, mas era "mais lucrativa" na expectativa de uma vida feliz.

> Quem faz depender de si mesmo, senão tudo, quase tudo o que contribui para a sua felicidade, e não se prende a outra pessoa, nem se modifica de acordo com o bom ou mau êxito de sua conduta, está, de fato, preparado para a vida; é sábio, na verdadeira acepção do termo, corajoso e temperante.
>
> PLATÃO. *Menéxeno*, p. 304.

A ideia da felicidade como virtude parece resolver dois problemas, a dependência e a finitude. O desenvolvimento das virtudes depende apenas da pessoa. Ninguém pode tirar as características que nos definem (embora condições sociais possam ajudar ou dificultar as **escolhas**, mas isso é assunto para outro capítulo). Virtude é fazer bem aquilo que você tem condições de fazer até atingir o melhor.

Ao mesmo tempo, a perspectiva da felicidade como virtude tira a dependência de outras pessoas para ser feliz. Situações, trabalhos, relações, famílias, tudo isso vem e vai. Se a felicidade não está ancorada nisso, sua chegada e partida pode gerar *alegria* ou *tristeza*, estados emocionais da maior importância, mas que não se confundem com a permanência do ser feliz.

A noção de felicidade como virtude não é um bem-estar ou alegria passageira, menos ainda a posse ou a conquista, mas a realização de si com o que está ao seu alcance. Não necessariamente as grandes coisas com as quais somos levados a sonhar, mas as pequenas, possíveis, ao redor, invisíveis quando se olha para uma felicidade ideal e fora de alcance.

Um modelo de felicidade é a satisfação do pensamento. Não o pensamento das grandes coisas, mas olhar para o mundo com o mesmo brilho no olhar que tínhamos quando éramos crianças: a felicidade permite ver o belo nas frestas do cotidiano. O olhar da criança, que se espanta com as coisas mais simples do mundo, está próximo da ideia de contemplação de Aristóteles, e perto de uma *atitude* para a felicidade. Pode ser levado conosco sempre – não depende de nada, não depende dos outros, apenas de nós.

Note que essa é uma noção de "felicidade" muito diferente das concepções comuns que vimos mais para cima. Não é uma felicidade baseada em coisas ou pessoas, no consumo ou na posse, mas na ideia de aprimoramento e excelência.

A felicidade de si, a felicidade dos outros

Isso poderia levar a uma questão incômoda: se sou um ladrão de automóveis excelente no que faço, posso ser considerada uma pessoa virtuosa?

A resposta é negativa: primeiro, porque, nesse caso, para ser feliz, continuo dependendo de outra pessoa – no caso, a quem prejudico. Segundo, porque estou prejudicando a *comunidade* e, portanto, deixando de lado uma das condições fundamentais: a virtude tem consequências na relação com os outros. A felicidade de um não pode ser baseada na infelicidade dos outros: a consequência de uma desigualdade desse tipo seria uma sociedade em constante conflito, tornando todos ansiosos e infelizes. (Por acaso, o que talvez tenha algo a dizer a respeito de *nossa* sociedade.)

Mas essa não é a única pergunta.

Outra questão é até que ponto devemos ir nessa tentativa de procurar a excelência naquilo que somos. Em nossa complexidade humana, nem todos os dias estamos dispostos a buscar a excelência. Nossa racionalidade é falha, nossos instintos e paixões muitas vezes tomam o controle. Imaginar uma vida de cultivo das virtudes seria tão bonito quanto irreal, e Aristóteles sabia disso.

Além disso, o conceito de "o melhor" varia de pessoa para pessoa: o melhor, para mim, pode estar muito distante do razoável para os outros. O estado de excelência que podemos atingir depende muito do ponto de partida e das condições para isso. A ideia da virtude como "atingir o melhor" pode se aproximar perigosamente da ideia da vida de alta *performance*, no sentido de ter sucesso em tudo o que se faz às custas de qualquer sacrifício pessoal.

Nada mais distante da proposta de Aristóteles.

Felicidade como equilíbrio

O desenvolvimento da virtude, para ele, está ligado a outro ponto fundamental: o *equilíbrio*. A virtude está no caminho do meio entre a falta e o excesso de alguma coisa. É o ponto médio a ser buscado na construção do melhor de nós: a excelência está em encontrar a *via média* em cada atitude.

É levar em conta, em nossa condição humana, a existência dos extremos e lidar com eles para colocá-los em equilíbrio. Não existe uma média universal: a virtude é encontrar o *seu* meio do caminho de acordo com quem você é.

Todas as dimensões da vida, nas paixões, potências e limites, precisam ser conhecidos para chegar ao equilíbrio entre elas. Não se trata de negar impulsos ou fingir que não existem. Uma atitude assim seria negar uma dimensão presente em cada um de nós. Temos medos, raiva, insatisfações, na mesma medida em que somos capazes da solidariedade, do entendimento e da compreensão. A virtude está em, justamente *levando em conta nossos limites*, lidar com eles no encontro do caminho do meio.

Na *Ética a Eudemo,* Aristóteles faz um inventário de algumas das principais características e paixões para mostrar qual é a excelência do meio termo, a virtude da via média:

Falta	Excesso	Virtude
Covardia	Temeridade	Coragem
Insensibilidade	Intemperança	Temperança
Mesquinhez	Prodigalidade	Generosidade
Humildade	Vaidade	Orgulho
Falta de ambição	Ganância	Objetivos
Teimosia	Volubilidade	Ânimo e coragem
Impassividade	Irascibilidade	Gentileza
Ingenuidade	Astúcia/esperteza	Sabedoria
Grosseria	Servilitude	Dignidade
Dissimulação/maledicência	Lisonja/bajulação	Afabilidade/sinceridade
Falta de vergonha	Timidez	Modéstia
–	Inveja	Indignação justa
Perda	Ganho	Justiça

Adaptado de ARISTOTLE. *The Eudemian Ethics.* Oxford: Oxford University Press, 2011.

Isso significa também entender que a excelência depende do ponto de partida, trabalhando com as condições e o material das quais você dispõe, sem esperar condições ideais que dificilmente existem na realidade.

A busca pelo melhor, portanto, não é uma exigência desenfreada de *ser* o melhor, e, menos ainda, superar os outros nisso. A virtude, como excelência, é encontrar o caminho do meio para se tornar melhor em relação ao que você é.

Isso, de alguma maneira, leva de volta à pergunta de Platão: é possível ensinar a virtude? Podemos aprender esse esforço de buscar a excelência?

A resposta, para Aristóteles, pode ser resumida em uma palavra: *formação*. A boa vida política em sociedade depende da educação para a excelência, educação do caráter para a virtude. E "caráter" – em grego, *"ethos"* – se aprende na prática.

Educar para a felicidade

A virtude é uma sabedoria prática, usada no cotidiano para orientar as decisões. Mais do que um conjunto de regras ou deveres, é um princípio ao qual você volta quando necessário decidir um caminho, identificar o que está havendo, avaliar as possibilidades ao alcance. Seus objetivos práticos são encontrar a via média, identificar a falta e o excesso, diferenciar a felicidade da alegria ou do bem-estar, separar os meios dos fins. A preparação para isso é constante, e está na base de formação do caráter.

Os gregos antigos tinham duas palavras para definir formação, ambas estão ligadas ao conceito de *"ethos"*, uma das raízes de "ética". Uma pista para pensar a ética na base da educação, da formação e da relação com as outras pessoas.

Ethos significa "costume" ou "hábito", de um lado, e "caráter", de outro. Como as relações entre esses termos nem sempre é intuitiva, vale explorar a questão.

Nossos hábitos são o princípio de várias de nossas ações, sobretudo aquelas automáticas, que fazemos aparentemente sem pensar.

Na verdade, são frutos de um aprendizado anterior, gravado com tanta força que não conseguimos mais perceber sua existência.

O hábito é algo que, depois de aprendermos, se torna parte de nós, leva a agir automaticamente, sem reflexão. Por exemplo, se você aprendeu desde criança a respeitar os assentos preferenciais no transporte público, não vai pensar duas vezes antes de levantar para uma pessoa mais velha, digamos, se sentar. Não vai se perguntar se deve ou não: antes de ver, você já se levantou.

Daí a prática da virtude ser o caminho para aprimorar o que você pode se tornar. O hábito é responsável por definir o "caráter" – não por acaso, o outro sentido da palavra *ethos*.

A personalidade é o entrelaçamento inúmeras variáveis, circunstâncias e condições. Algumas delas, desconhecidas de nós mesmos – o inconsciente, paixões e emoções. Mas, se temos esses impulsos, também somos educados para viver com os outros. No contato com outras pessoas, aprendemos noções de certo e errado, bem e mal, justo e injusto, a partir do que nos dizem e, sobretudo, do que *fazem*. Esse é um dos pontos que nos separa dos outros animais: ser educados no uso da razão para fazer **escolhas** e, a partir disso, definir quem somos.

Aprendemos nosso caráter na prática. Boas práticas definem as virtudes de uma pessoa, tornando-se parte dela. Para Aristóteles, esse é um dos pontos centrais da construção da cidadania e da vida em comunidade: conceitos como **justiça**, igualdade, respeito e oportunidades não são ideias abstratas. São *práticas* cultivadas todos os dias, desde a infância, no sentido da formação da cidadania.

Nesse ponto parece haver um chamado à responsabilidade individual e coletiva: não podemos esperar que a virtude para a cidadania apareça de maneira mágica ou, pior ainda, seja imposta de cima para baixo. A virtude é cultivada na educação mútua, de maneira constante – pessoas justas formam uma sociedade justa que, por sua vez, contribui para formar uma próxima geração educada na justiça.

Para além de nós: a felicidade como acolhida

Para Aristóteles, a felicidade é uma condição de permanência conquistada a partir da realização da virtude. Isso desmonta a noção corrente de "felicidade" baseada no consumo e revitaliza a ideia de "virtude". Não é a felicidade fácil e pronta para o consumo, à disposição na prateleira de qualquer loja, mas um exercício apropriado para todos os dias.

A tentativa de felicidade a todo custo deriva dessa obrigação social de ser feliz. Mas isso não se impõe, nem para nós nem para os outros. Felicidade se constrói junto. É um dos estados que conseguimos construir não só na relação com a gente, mas na relação com o outro. Algo, no cotidiano, a compartilhar.

Sobre a felicidade

ARISTOTELES. *Ética a Nicômaco.* São Paulo: Edipro, 2007.

COMTE-SPONVILLE, A. *A felicidade, desesperadamente.* São Paulo: Martins Fontes, 2005.

EPICURO. *Carta sobre a felicidade.* São Paulo: Unesp, 2006.

Final

Como ver o lado distante da Lua?

POR UMA CURIOSA COINCIDÊNCIA, A LUA ESTÁ SEMPRE COM O MESMO LADO virado para a Terra. Como seu tempo de rotação em torno de seu eixo é o mesmo de sua translação ao redor de nosso planeta, é impossível para alguém, da superfície, ver o outro lado – ele foi observado pela primeira vez em 1959, pelo satélite russo Luna 3. As fotos desse outro hemisfério mostram algo estranho. É a Lua, a *nossa* Lua, que podemos ver no céu todos os dias. Mas, ao mesmo tempo, é o outro lado – é diferente, com mais crateras, sem as planícies – os "mares" – e as formas com que nos acostumamos desde sempre.

Podemos ver isso como uma metáfora para a relação com os outros, e perguntar o quanto há de invisível sob a superfície de cada uma e cada um de nós. E a pergunta é recíproca: quanto de você aparece para outras pessoas? Olhamos sempre para o lado visível, mas nossas relações interpessoais são com a totalidade dos outros, em seus fragmentos mais ou menos agrupados – muito semelhantes aos nossos.

O desafio de viver com os outros é um dos mais antigos e mais complicados que a humanidade inventou. No mundo animal a relação entre os indivíduos de uma espécie é regulada por um instinto que diz o que fazer o tempo todo. Nós, seres humanos, inventamos de usar a *razão* há alguns milhares de anos e, com isso, adquirimos conhecimento para fazer escolhas a respeito da maneira como nos relacionamos com os outros.

Ao mesmo tempo, nossos sentimentos, paixões e afetos desafiam essa racionalidade, recordando que a condição humana é dinâmica, complexa e contraditória. Atingimos as alturas e a radiância do dia com a mesma facilidade com que mergulhamos em nosso lado noturno, desconhecido. Em meio a isso tudo, temos a possibilidade de escolher, mesmo que não seja em termos absolutos. Viver com os outros, por exemplo, não é uma opção, é uma necessidade existencial.

Exatamente por isso, conhecer um pouco mais sobre nós mesmos, sobre as outras pessoas e a respeito das condições que temos para escolher podem nos ajudar a deixar essas relações mais suaves. Aprender a nosso respeito significa duvidar daquilo que somos e estar aberto ao outro para sabermos um pouco melhor a respeito de quem se é.

A abertura para outras ideias, deixando de lado as generalizações e as dualidades das percepções mais rápidas do cotidiano. Mas também é espaço de resistência, de dizer não, de lembrar que a relação com os outros não pode ser construída ao preço do nosso desmoronamento físico ou psicológico.

Por isso, o conhecimento é uma das trilhas para entender o que acontece e, quando necessário, modificar. Para reencontrar o humano, trilhamos um caminho descontínuo, com vários problemas, turbulências e limites. E, até agora, parece ser o melhor que temos para dar conta desse desafio.

Obras citadas em cada capítulo

1 Acolher antes de exigir – A condição humana em luzes e sombras

BENHABIB, S. *The Claims of Culture*. Princeton: Princeton University, 2001.

BIANCO, G. *Epistemología del diálogo*. Buenos Aires: Biblos, 2003.

DAWKINS, R. *O gene egoísta*. São Paulo: Companhia das Letras, 2010.

DeWAAL, F. *A era da empatia*. São Paulo: Companhia das Letras, 2011.

KRISTEVA, J. *Estranhos a nós mesmos*. Rio de Janeiro: Rocco, 1996.

LANGER, S.K. *Filosofia em nova chave*. São Paulo: Perspectiva, 1998.

NIETZSCHE, F. *A gaia ciência*. São Paulo: Companhia das Letras, 2008.

SEARLE, J. *The Construcional of Social Reality*. Londres: Penguin, 2005.

SILVEIRA, N. *Cartas à Spinoza*. Rio de Janeiro: Francisco Alves, 1989.

2 Respeitar vulnerabilidades, transformar capacidades

GOFFMAN, E. *A representação do Eu na vida cotidiana*. Petrópolis: Vozes, 2006.

_____. *Estigma*, Rio de Janeiro: Zahar, 1975.

MARCO AURÉLIO. *Meditations*. Londres: Penguin, 2015.

NUSSBAUM, M. *Creating Capabilities*. Harvard: Harvard University Press, 2011.

_____. *Fronteiras da justiça*. São Paulo: Martins Fontes, 2011.

SONTAG, S. *Diante da dor dos outros*. São Paulo: Companhia das Letras, 2005.

3 O tempo – Reaprender a usar o seu e o dos outros

ADORNO, T.W. *Palavras e sinais*. Petrópolis: Vozes, 1998.

AGOSTINHO. *Confissões*. Petrópolis: Vozes, 2004.

BERGSON, H. *A evolução criadora*. São Paulo: Martins Fontes, 2008.

BUCKHART, J. *A civilização do renascimento na Itália*. São Paulo: Companhia das Letras, 1996.

LOWENTHAL, D. *The past is a foreign country*. Cambridge: CUP, 1988.

MARX, K. *O capital*. Rio de Janeiro: Civilização Brasileira, 2014.

SAGAN, C. *Cosmos*. São Paulo: Francisco Alves, 1983.

TURKLE, S. *Alone Together*. Londres: Basic Books, 2013.

VILALTA, A. *El tempo y lo imaginário*. México: FCE, 2016.

4 Do *skinny* ao *plus size* – Compreender o significado do corpo

BUTLER, J. *Problemas de gênero*. Rio de Janeiro: Civilização Brasileira, 2016.

CAMPOS, V.P.P. *Beleza é coisa de mulher?* Recife: Ed. UFPE, 2011.

LIPOVETSKY, G. *O império do efêmero*. São Paulo: Companhia das Letras, 1996.

MORENO, R. *A beleza impossível*. São Paulo: Ágora, 2008.

NEGRI, A. *Biocapitalismo*. São Paulo: Iluminuras, 2015.

NOVAES, J.V. *Com que corpo eu vou?* Rio de Janeiro: Palas, 2010.

PIZAN, C. *The book of the city of ladies*. Londres: Penguin, 2017.

RAICH, R.M. *La tirania del cuerpo*. Madri: Ilus Books, 2017.

5 Encontrar o outro na empatia

HUSSERL, E. *Meditações cartesianas e conferências de Paris*. Rio de Janeiro: Forense, 2016.

MANGANARO, P. *Fenomenologia da relação*. Curitiba: Juruá, 2016.

STEIN, E. *Ser finito e ser eterno*. Rio de Janeiro: Forense, 2018.

_____. *Introducción a la filosofía*. Madri: Trotta, 2016.

_____. *Sobre el concepto de empatía*. Madri: Trotta, 2014.

WEIL, S. *Espera de Deus*. Lisboa: Assírio e Alvim, 2016.

6 A escuta, a voz e o silêncio – Comunicar para entender

ARENDT, H. *A condição humana*. Rio de Janeiro: Forense, 2013.

COULDRY, N. *Why voice matters*. Londres: Routledge, 2012.

FERRARESE, E. Éthique et politique de l'*espace publique*. Paris: Vrin, 2015.

SANTOS, A.R. *Ética da alteridade* – Cuidado e responsabilidade no encontro com outrem. Volta Redonda: UFF, 2016 [Trabalho de conclusão de curso].

SONTAG, S. *Contra a interpretação*. Porto Alegre: L&PM, 1987.

SPIVAK, G.C. *Pode o subalterno falar?* Belo Horizonte: Ed. UFMG, 2016.

ZUMTHOR, P. *Performance, recepção, leitura*. São Paulo: Cosac & Naif, 2014.

7 Fazer outras escolhas além da razão e das emoções

CHAPPELL, T. *Ethics and Experience*. Oxford: OUP, 2007.

COHEN, S. *The Nature of Moral Reasoning*. Oxford: OUP, 2004.

ESPINOSA, B. *Tratado teológico-político*. São Paulo: Perspectiva, 2017.

_____. *Ética*. Belo Horizonte: Autêntica, 2016.

HORTA, B.C. *Nise, antropóloga dos mares*. Rio de Janeiro: Aeroplano, 2017

MELLO, L.C. *Nise da Silveira*: caminhos de uma psiquiatra rebelde. Rio de Janeiro: Autoral, 2014.

NADLER, S. *Um livro forjado no inferno*. São Paulo: Três Estrelas, 2017.

8 Aprender outras verdades, duvidar da transparência

BAUDRILLARD, J. *Simulacros e simulações*. Lisboa: Relógio D'Água, 1991.

KEYES, R. *A era da pós-verdade*. Petrópolis: Vozes, 2017.

THOMAS, K. *A religião e o declínio da magia*. São Paulo: Companhia das Letras, 1996.

VATTIMO, G. *Adeus à verdade*. Petrópolis: Vozes, 2015.

_____. *A sociedade da transparência*. Lisboa: Relógio D'Água, 1993.

WA THIONG'O, N. *Decolonizing the mind*. Londres: John Howard, 2006.

ZIZEK, S. *Bem-vindo ao deserto do real*. São Paulo: Boitempo, 2016.

9 Colocar a justiça entre o perdão e a vingança

BAUMAN, Z. *Amor líquido*. Rio de Janeiro: Zahar, 2006.

BUDGE, E.A.W. & ROMER, J. (orgs.). *The Egyptian book of the death*. Londres: Penguin, 2008.

DAHL, R. *Sobre a democracia*. Brasília: Ed. UnB, 2001.

HOBBES, T. *Leviatã*. São Paulo: Martins Fontes, 2004.

MADISON, J.; HAMILTON, A. & JAY, J. *O federalista*. Rio de Janeiro: Nova Fronteira, 1996.

MAUSS, M. *Ensaio sobre a dádiva*. Lisboa: Ed. 70, 2003.

MORIN, E. *O método*, vol. 6 – Ética. Porto Alegre: Sulina, 2013.

ROUSSEAU, J.-J. *O contrato social*. São Paulo: Duas Cidades, 1968.

VALCARCEL, A. *A memória, a justiça, o perdão*. São Paulo: Sesc, 2017.

10 Ver os sentidos do amor e da amizade

BOURDIEU, P. *Coisas ditas*. São Paulo: Brasiliense, 1990.

BUTLER, J. *Bodies that matter*. Londres: Routledge, 2013.

DUBY, G. *Para uma história das mentalidades*. Lisboa: Ed. 70, 2003.

LUHMANN, N. *O amor como paixão*. Rio de Janeiro: Bertrand, 2000.

MONTAIGNE, M. *Ensaios*. Brasília: Ed. UnB, 1998.

NIETZSCHE, F. *Humano, demasiado humano*. Vol. 2. São Paulo: Companhia das Letras, 2009.

PLATÃO. *O banquete*. Belém: Ed. UFPA, 2010.

WILLERTON, J. *The psychology of relationship*. Londres: Polity, 2010.

11 Retomar as virtudes da felicidade

ARISTÓTELES. *Ética a Eudemo*. São Paulo: Edipro, 2016.

_____. *Ética a Nicômaco*. São Paulo: Edipro, 2007.

COMTE-SPONVILLE, A. *A felicidade, desesperadamente*. São Paulo: Martins Fontes, 2005.

EPICURO. *Máximas morais*. São Paulo: Loyola, 2010.

_____. *Carta sobre a felicidade*. São Paulo: Unesp, 2006.

VAN DEN BOSCH, P. *A filosofia e a felicidade*. São Paulo: Martins Fontes, 2000.

Fontes dos textos

Alguns trechos do livro, em versões substancialmente diferentes, foram originalmente usados como textos-base dos autores para palestras, aulas e apresentações em faculdades, escolas e outras instituições. No caso de Ângela Marques, em cursos na Assembleia Legislativa de Minas Gerais; para Luís Mauro, também de alguns vídeos disponíveis no canal da Casa do Saber nas plataformas digitais [https://www.youtube.com/user/casadosaber].

MARQUES, Â.C.S. *Cadrage biopolitique de personnes appauvries dans l'image photographique de la communication publique*. Palestra na Universidade de Paris. Paris, 2018.

_____. *Vulnérabilités et résistances dans l'image*: corps, visage, écriture. Palestra na Universidade de Paris. Paris, 2018.

_____. *Entre a política e a estética*: uma abordagem comunicacional de questões de justiça. Aula Magna do PPGCOM da Faculdade Cásper Líbero. São Paulo, 2018.

_____. *Engajamento social, vulnerabilidade e comunicação midiática?* CafécomPensar, 2017 [Disponível em https://pensaraeducacao.com.br/blog/engajamento-social-vulnerabilidade-e-comunicacao-midiatica-cafe-com-o-pensar-julho-de-2017/].

MARTINO, L.M.S. *Autoconhecimento e a dimensão espiritual da existência*. Vídeo no canal Casa do Saber da Plataforma Youtube [Disponível em https://www.youtube.com/watch?v=oY6UHNiWNbU].

_____. *Amar dá trabalho*. Vídeo no canal Casa do Saber da Plataforma Youtube [Disponível em https://www.youtube.com/watch?v=HGpjtjGnqIw].

_____. *De onde vem sua verdade?* Vídeo no canal Casa do Saber da Plataforma Youtube [Disponível em https://www.youtube.com/watch?v=Cr72aTvm7Hg].

_____. *Empatia em tempos egoístas.* Vídeo no canal Casa do Saber da Plataforma Youtube [Disponível em https://www.youtube.com/watch?v=Jt4IvmvWQVc].

_____. *O perdão como retomada.* Vídeo no canal Casa do Saber da Plataforma Youtube [Disponível em https://www.youtube.com/watch?v=CkaxAJCfsYc].

_____. *Você tem tempo para você?* Vídeo no canal Casa do Saber da Plataforma Youtube [Disponível em https://www.youtube.com/watch?v=oi4j0D0LSaU].

PATROCÍNIO, F.A. Conexões e afetos – Entrevista com Luís Mauro Sá Martino. Revista *Anália*, nov./2018, p. 16-20. São Paulo.

ROSA, A.B. Felicidade: o que nós buscamos, o que sentimos e ainda não aprendemos. Entrevista com Luís Mauro Sá Martino. *Huffpost BR*, 14/08/2018 [Disponível em https://www.huffpostbrasil.com/2018/08/12/felicidade-o-que-nos-buscamos-o-que-sentimos-e-o-que-ainda-nao-aprendemos_a_23500202/].

Bibliografia e referências gerais

Além das referências de cada capítulo

AGAMBEM, G. *O que é o contemporâneo*. Chapecó: Argos, 2009.

ARENDT, H. *A condição humana*. Rio de Janeiro: Forense, 2013.

_____. *Em defesa da política*. Rio de Janeiro: Relume-Dumará, 1999.

ARISTÓTELES. *Política*. São Paulo: Martins, 2009.

AUDI, M. *Moral value and human diversity*. Oxford: OUP, 2005.

BAGINNI, J. *What is all about?* Oxford: OUP, 2007.

BALSEY, C. *Critical Practice*. Londres: Routledge, 2002.

BARTHES, R. *O sistema da moda*. São Paulo: Companhia Editora Nacional, 1979.

BAUDRILLARD, J. *A sociedade de consumo*. Lisboa: Ed. 70, 2009.

BAUMAN, Z. *O mal-estar na Pós-modernidade*. Rio de Janeiro: Zahar, 2000.

BELLO, A.A. *Fenomenologia e ciências humanas*. Bauru: Edusc, 2005.

_____. *Fenomenologia do ser humano*. Bauru: Edusc, 2000.

BERGER, P. & LUCKMANN, T. *A construção social da realidade*. Petrópolis, Vozes, 2009.

BLACKBURN, S. *Think*. Oxford: UOP, 2000.

BODIE, G.D.; VICKERY, A.J.; CANNAVA, K. & JONES, S.M. The Role of "Active Listening" in Informal Helping Conversations. *Western Journal of Communication*, vol. 79, n. 2, mar.-abr./2015, p. 151-173.

BORBA, M.P. & HENNIGEN, I. Composições do corpo para consumo. *Psicologia & Sociedade*, 27 (2), p. 246-255.

BOURDIEU, P. *A distinção*. São Paulo: Zouk, 2011.

_____. O costureiro e sua grife: contribuição a uma teoria da magia. In: *A produção da crença*. Rio de Janeiro: Zouk, 2007.

_____. *Questões de sociologia*. Rio de Janeiro: Marco Zero, 1983.

BRAGA, J.L. *Nem rara, nem ausente: tentativa*. – Trabalho apresentado no 20º Encontro da Compós. Rio de Janeiro, jun./2010.

BRENTANO, F. *Psychology from an empirical standpoint*. Londres: Routledge, 2014.

CANGUILHEM, G. *O normal e o patológico*. Rio de Janeiro: Forense, 2006.

CASSIRER, E. *Ensaio sobre o homem*. São Paulo: Martins Fontes, 2001.

CASTRO, A.L. *Culto ao corpo e sociedade*. São Paulo: Annablume, 2003.

CLAIR, I. *Sociologie du Genre*. Paris: Armand Colin, 2012.

COLLING, A.M. *Tempos diferentes, discursos iguais*. Dourados: Ed. UFGD, 2014.

COMTE-SPONVILLE, A. *O amor*. São Paulo: Martins Fontes, 2010.

CRAIG, E. *Philosophy*: a very short introduction. Oxford: OUP, 2002.

CRICK, B. *Democracy*: a very short introduction. Oxford: OUP, 2010.

FAIRBAIRN, G.J. Reflecting On Empathy. In: NELENS, R.J. & THEO, L.J. (orgs.). *Exploring Empathy*. Boston: Brill, 2018, p. 21-38.

FERRARA, L.D'A. *A epistemologia de uma comunicação indecisa* – Trabalho apresentado no 22º Encontro da Compós. Salvador, jun./2013.

_____. *A comunicação entre hábito e consciência* – Trabalho apresentado no 21º Encontro da Compós. Juiz de Fora, jun./2012.

FONTGALLAND, R.C. & MOREIRA, V. Da empatia à compreensão empática. *Memorandum*, n. 23, 2012, p. 32-56.

FOUCAULT, M. *Nascimento da biopolítica*. São Paulo: Martins Fontes, 2016.

_____. *O corpo utópico, as heterotopias*. São Paulo: Ed. n-1, 2013.

FREIRE FILHO, J. (org.). *Ser feliz hoje*. Rio de Janeiro: Ed. FGV, 2010.

GALLAGHER, S. Fenomenologia da intersubjetividade. *Revista Filosófica de Coimbra*, n. 42, 2012, p. 557-582.

GIDDENS, A. *As transformações da intimidade*. São Paulo: Unesp, 2005.

GOFFMAN, E. *Os quadros da experiência social.* Petrópolis: Vozes, 2016.

GOLDIE, P. How We Think of Others' Emotions. *Mind & Language*, vol. 14, n. 4, dez./1999, p. 394-423.

GRICE, S. *The ground of moral judgement.* Cambridge: Cambridge University Press, 2011.

GUINZBURG, C. *Mitos, emblemas, sinais.* São Paulo: Companhia das Letras, 2016.

HABERMAS, J. *A inclusão do outro.* São Paulo: Loyola, 2007.

_____. *Entre naturalismo e religião.* Rio de Janeiro: Tempo Brasileiro, 2007.

HALL, S. *Da diáspora.* Belo Horizonte: Ed. UFMG, 2003.

_____. Quem precisa de identidade? In: SILVA, T.T. *Identidade e diferença.* Petrópolis: Vozes, 2001.

_____. *A identidade cultural na Pós-modernidade.* Rio de Janeiro: DP&A, 1997.

HEIDEGGER, M. *Seminários de Zollikon.* Petrópolis: Vozes, 2009.

HELD, D. *Modelos de democracia.* Belo Horizonte: Autêntica, 2007.

HEYWOOD, A. *Political theory.* Londres: Palgrave, 2009.

HONNETH, A. *Luta por reconhecimento.* São Paulo: Ed. 34, 2003.

HUNT, L. *A invenção dos direitos humanos.* São Paulo: Cia. das Letras, 2009.

HUSSERL, E. *A ideia da fenomenologia.* Porto: Ed. 70, [s.d.].

JAMESON, F. *O pós-modernismo.* São Paulo: Ática, 1997.

JENKINS, K. *A história repensada.* São Paulo: Contexto, 2001.

KANT, I. *Crítica da razão prática.* São Paulo: Martins Fontes, 2006.

KOLAKOWSKI, L. *Pequenas palestras sobre grandes temas.* Rio de Janeiro: Civilização Brasileira, 2008.

KUSANO, M.B. *A antropologia de Edith Stein.* São Paulo: Ideias e Letras, 2014.

LAFONTAINE, C. *Le corps-marché*. Paris: Seuil, 2014.

LÉVINAS, E. *Ética e Infinito*. Lisboa: Ed. 70, 2016.

_____. *Autrement qu'être ou Au-delà de l'essence*. Paris: Le Livre de Poche, 2014.

_____. *Le temps et l'autre*. Paris: PUF, 2014.

_____. *Totalidade e infinito*. Lisboa: Ed. 70, 2014.

_____. *Entre nós*. Petrópolis: Vozes, 2011.

_____. *O humanismo do outro homem*. Petrópolis: Vozes, 2009.

LIPARI, L. Listening otherwise: the voice of ethics. *The international Journal of Listening*, vol. 1, n. 23, 2009, p. 4-59.

LOCKE, J. *Segundo tratado sobre o governo civil*. Petrópolis: Vozes, 1994.

LUKES, S. *Moral relativism*. Londres: Profile Books, 2011.

MAGNAVACCA, S. *Lexico Técnico de Filosofía Medieval*. Buenos Aires: Miño y Davila, 2005.

MANGANARO, P. Alteridade, filosofia, mística: entre fenomenologia e epistemologia. *Memorandum*, n. 6, 2004, p. 3-24.

MARCONDES FILHO, C. *O rosto e a máquina*. São Paulo: Paulus, 2012.

_____. *Perca tempo*. São Paulo: Paulus, 2010.

MARQUES, Â.C.S. & MARTINO, L.M.S. *Ética, mídia e comunicação*. São Paulo: Summus, 2018.

MARTIN, M. *Everyday Morality*. Califórnia: Wadsworth Publishing Company, 1989.

MARTINO, L.M.S. *Comunicação e identidade*. São Paulo: Paulus, 2010.

_____. *Teoria da comunicação*. Petrópolis, Vozes, 2009.

MARTINO, L.M.S. & MARQUES, Â.C.S. A ética da comunicação a partir da abordagem dos conceitos de interesse e uso da linguagem. *Galáxia*, vol. 23, 2012, p. 139-152. PUC-SP.

_____. Promises and limits of discourse ethics in communicative interactions. *Estudos em Comunicação/Communication Studies*, vol. 10, 2011, p. 1-21.

MARX, K. *Manuscritos econômico-filosóficos*. Lisboa: Ed. 70, s.d.

MARX, K. & ENGELS, F. *Manifesto comunista*. Rio de Janeiro: Contraponto, 1998.

MINOGUE, K. *Politics*: A very short introduction. Oxford: OUP, 2007.

MIRANDA, A.P. *Consumo de moda*: relação pessoa-objeto. São Paulo: Estação das Letras e Cores, 2015.

MISKOLCI, R. Corpos elétricos: do assujeitamento à estética da existência. *Estudos Feministas*, 14 (3), set.-dez./2006, p. 681-693. Florianópolis.

MORIN, E. *O método* – Vol. 05: A humanidade da humanidade. Porto Alegre: Sulina, 2006.

MUSACHI, G. *Mujeres en movimiento*. Buenos Aires: Fondo de Cultura Económica, 2001.

NAGEL, T. *What that's all mean?* Oxford: OUP, 2001.

NEUBURGER, P. *Exister*. Paris: Payot, 2012.

NOVAES, J.V. *O intolerável peso da feiura*. Rio de Janeiro: Garamond, 2013.

NUTTALL, J. *Moral questions*. Londres: Oxford, 1993.

PEIXOTO, M.M.; MOURÃO, A.C.N. & SERPA JR., O.D. O encontro com a perspectiva do outro. *Ciência & Saúde Coletiva*, 21 (3), 2016, p. 881-890.

PERNIN, M. *Au coeur de la existence, la souffrance?* Paris: Bordas, 2004.

PETERS, F.R. *Léxico Filosófico Grego*. Lisboa: Ed. 70, 1983.

PHILLIPS, A. *On kindness*. Londres: Penguin, 2008.

PLATÃO. *Apologia de Sócrates*. Belém: Ed. UFPA, 2010.

_____. *Menéxeno*. Belém: Ed. UFPA, 2010.

PLATÃO. *O primeiro Alcibíades*. Belém: Ed. UFPA, 2010.

RAMOS, C. *A dominação do corpo no mundo administrado*. São Paulo: Escuta, 2004.

SALECL, R. *Choice*. Londres: Profile Books, 2012.

SARTRE, J.-P. *O existencialismo é um humanismo*. Petrópolis: Vozes, 2010.

_____. *O ser e o nada*. Petrópolis: Vozes, 1998.

SIGNATES, L. O que é especificamente comunicacional nos estudos brasileiros de comunicação na atualidade. In: BRAGA, J. L.; GOMES, P. G.; FERREIRA, J.; FAUSTO NETO, A. *10 perguntas para produção do conhecimento em comunicação*. São Leopoldo: Unisinos, 2013.

SINGER, I. *Philosophy of Love*. Massachussets: MIT, 2005.

SPIVAK, G.C. *Outside in the teaching machine*. Londres: Routledge, 2007.

STREET, J. *Mass Media, Politics and Democracy*. Londres: Palgrave, 2001.

TEIXEIRA, S.A. Produção e consumo social da beleza. *Horizontes Antropológicos*, ano 7, n. 16, dez./2001, p. 189-220. Porto Alegre.

THOMPSON, M. *Ethics*. Londres: Hodder, 2006.

WARBURTON, N. *Philosophy: the basics*. Londres: Routledge, 2011.

WEIL, S. *A condição operária e outros textos sobre a opressão*. Rio de Janeiro: Paz e Terra, 2016.

WITTGENSTEIN, L. *Tractatus Lógico-Philosophicus*. São Paulo, Edusp, 1993.

WOODWARD, K. *Understanding Identity*. Londres: Open University, 2007.

_____. Conceitos de identidade e diferença. In: SILVA, T.T. *Identidade e diferença*. Petrópolis: Vozes, 1997.

ZANETTE, M.C. & LOURENÇO, C.E. O peso do varejo, o peso no varejo e a identidade: uma análise de consumidoras *plus size*. *Revista de Administração de Empresas*, vol. 53, n. 06, nov.-dez./2006, p. 539-550.

ZUMTHOR, P. *A letra e a voz*. São Paulo: Companhia das Letras, 1993.

Índice

Sumário, 7
Introdução – Encontros e agradecimentos, 9
   A proposta do livro: o mundo em escala micro, 13
   Uma história de encontros, 15
1 Acolher antes de exigir – A condição humana em luzes e sombras, 19
   O templo de Apolo em Delfos, 21
   Existe uma vida plena?, 23
   Olhar para se ver, 24
   O ser biológico, 25
   O animal que sente, lembra, imagina, 27
   O animal político, 28
   A vida simbólica: construindo o *habitat* humano, 30
   Ver, julgar, 34
   Reconhecer potências e limites: tornar-se quem se é, 34
2 Respeitar vulnerabilidades, transformar capacidades, 37
   A condição de ser vulnerável, 39
   Reconhecer os próprios limites, 41
   Entender os limites do outro, 42
   Respeitar o medo e as fragilidades do outro, 44
   A vulnerabilidade dos grupos, 44
   As marcas da vulnerabilidade, 48
   Ver a vulnerabilidade, 50
   A vulnerabilidade invisível, 51
   A dignidade de ser: as possibilidades do frágil, 52
   Reconhecimento e solidariedade, 55
   Além de potências e limites, 57
3 O tempo – Reaprender a usar o seu e o dos outros, 59
   As dimensões do tempo, 62
   Tempo e duração, 62

Quanto duram cinco minutos?, 64
O tempo biológico: os ritmos do corpo, 66
A medida do tempo: a mudança e a repetição, 68
Tempo cronológico e tempo humano, 70
O tempo imaginário do passado e do futuro, 71
O tempo e a história, 73
Os tempos ao seu redor, 75
Tempo é dinheiro?, 77
Você disse "tempo livre"?, 78

4 Do *skinny* ao *plus size* – Compreender o significado do corpo, 81
Um arqueólogo do século XXIV, 83
O corpo estético e o corpo controlado, 85
Olhando no espelho, 87
Estar na moda, estar no corpo, 88
Vestir o corpo: *performance*, 91
Ver para cuidar: a dimensão de controle, 93
O corpo como resistência, 95

5 Encontrar o outro na empatia, 99
A raiz da palavra: sentir a paixão, 102
Simpatia e empatia: sentir o igual e o diferente, 103
A descoberta da empatia, 105
"I've got you under my skin", 106
Aprender a empatia e reconhecer vulnerabilidades, 107
O corpo e a empatia, 109
Empatia e respeito, 109
As condições e os limites da empatia, 110

6 A escuta, a voz e o silêncio – Comunicar para entender, 113
A voz e a narrativa de si, 118
O uso social da voz: o outro como significado, 121
O direito à voz, 122
Da dor subjetiva ao padecer coletivo, 123
Trauma e traumatismo, 124

Acolher o outro e sua dor na escrita, 125
O silêncio, 126
O silêncio da transparência nas mídias digitais, 127
A hospitalidade da escuta, 128
Aproximando a comunicação, 130
Informação e significado, 130
Comunicação e/ou mídia, 131
Além da tecnologia, 132
A comunicação como encontro, 133
Representações: comunicar para entender, 134
7 Fazer outras escolhas além da razão e das emoções, 137
As paixões e os afetos, 140
A escolha como movimento do afeto, 141
Entre o determinismo e a liberdade, 143
Os limites das minhas escolhas, 144
Entre a determinação e a escolha, 145
A determinação absoluta: Espinosa, 145
A angústia da escolha, 149
Valores e escolhas, 151
Apertar ou não um botão, 153
8 Aprender outras verdades, duvidar da transparência, 155
Qual a evidência da verdade?, 158
Verdade e simulacro, 160
A linguagem mostra, a linguagem esconde, 162
A transparência paradoxal, 164
Opinião, ciência e alteridade, 166
As verdades e a relação com os outros, 168
9 Colocar a justiça entre o perdão e a vingança, 171
Interesses diferentes, regras iguais, 175
A justiça como racionalidade, 176
Regras e normas, 177
Justiça e liberdade, 179

O desafio da sociedade pluralista, 180
Viver juntos, 182
A justiça na relação com o outro, 184
O entendimento para a justiça, 185
O perdão na esfera da justiça, 187
A gratidão e o laço de solidariedade, 189
A visão de mundo do outro, 193
10 Ver os sentidos do amor e da amizade, 195
O amor, esse monte de sinapses, 197
Os tipos e os códigos do amor, 199
O amor romântico, 201
Você ama quem quer?, 203
O desejo do que sempre falta, 205
O amor do desejo do outro, 207
Intensidade e assimetria do amor, 210
Um amor de alta *performance*, 210
Os sentidos da amizade, 212
Amizade, interesses e dependência, 213
A reconstrução do vínculo, 215
11 Retomar as virtudes da felicidade, 217
A felicidade como virtude, 220
O que a felicidade não é, 221
Felicidade e bem-estar, 224
A excelência como felicidade, 226
A felicidade de si, a felicidade dos outros, 228
Felicidade como equilíbrio, 229
Educar para a felicidade, 231
Para além de nós: a felicidade como acolhida, 233
Final – Como ver o lado distante da Lua?, 235
Obras citadas em cada capítulo, 239
Fontes dos textos, 247
Bibliografia e referências gerais (Além das referências de cada capítulo), 251

CULTURAL

Administração
Antropologia
Biografias
Comunicação
Dinâmicas e Jogos
Ecologia e Meio Ambiente
Educação e Pedagogia
Filosofia
História
Letras e Literatura
Obras de referência
Política
Psicologia
Saúde e Nutrição
Serviço Social e Trabalho
Sociologia

CATEQUÉTICO PASTORAL

Catequese
  Geral
  Crisma
  Primeira Eucaristia

Pastoral
  Geral
  Sacramental
  Familiar
  Social
  Ensino Religioso Escolar

TEOLÓGICO ESPIRITUAL

Biografias
Devocionários
Espiritualidade e Mística
Espiritualidade Mariana
Franciscanismo
Autoconhecimento
Liturgia
Obras de referência
Sagrada Escritura e Livros Apócrifos

Teologia
  Bíblica
  Histórica
  Prática
  Sistemática

VOZES NOBILIS

Uma linha editorial especial, com importantes autores, alto valor agregado e qualidade superior.

REVISTAS

Concilium
Estudos Bíblicos
Grande Sinal
REB (Revista Eclesiástica Brasileira)

VOZES DE BOLSO

Obras clássicas de Ciências Humanas em formato de bolso.

PRODUTOS SAZONAIS

Folhinha do Sagrado Coração de Jesus
Calendário de mesa do Sagrado Coração de Jesus
Agenda do Sagrado Coração de Jesus
Almanaque Santo Antônio
Agendinha
Diário Vozes
Meditações para o dia a dia
Encontro diário com Deus
Guia Litúrgico

CADASTRE-SE
www.vozes.com.br

EDITORA VOZES LTDA.
Rua Frei Luís, 100 – Centro – Cep 25689-900 – Petrópolis, RJ
Tel.: (24) 2233-9000 – Fax: (24) 2231-4676 – E-mail: vendas@vozes.com.br

UNIDADES NO BRASIL: Belo Horizonte, MG – Brasília, DF – Campinas, SP – Cuiabá, MT
Curitiba, PR – Fortaleza, CE – Goiânia, GO – Juiz de Fora, MG
Manaus, AM – Petrópolis, RJ – Porto Alegre, RS – Recife, PE – Rio de Janeiro, RJ
Salvador, BA – São Paulo, SP